Solange **Cousin**

Mon toit et moi :

installer les bonnes énergies

Initiation et méditations

jouvence
EDITIONS

Dans la même collection

Votre corps parle : écoutez-le !, Geneviève Choussy Desloges
Auto-empathie, Philippe Beck
La Pause de 90 secondes, Rolf Herkert
Maigrir durablement, Désiré Mérien
L'allaitement maternel, Claude-Suzanne DidierJean-Jouveau
La force de l'amour dans la Communication Créative, Yvon Delvoye
Pratique de la psychogénéalogie, Marie-Geneviève Thomas
Oser être soi dans la relation amoureuse, Florence Vertanessian
Coachez votre créativité, Laurent Bertrel
L'art de demander, Patrice Ras

Catalogue gratuit sur simple demande

ÉDITIONS JOUVENCE

France: BP 90107 - 74161 Saint-Julien-en-Genevois Cedex
Suisse: CP 227 - 1225 Chêne-Bourg (Genève)
Site internet: www.editions-jouvence.com
Mail: info@editions-jouvence.com
L'auteur est joignable à l'adresse suivante : scousin@nhz.com

ISBN 978-2-88911-684-3
Mise en pages: Sir
Couverture: Éditions Jouvence
Dessin couverture: Jean Augagneur

À tous mes guides de lumière terrestres et célestes.

Sommaire

Introduction

> *« Prendre conscience, c'est transformer le voile qui recouvre la lumière en miroir. »*
> **Lao Tseu**

Avez-vous envie de faire la connaissance d'un maître de sagesse, d'un guide bienveillant, d'un coach qui vous tire vers le haut, d'un fidèle compagnon, de votre allié le plus dévoué ? Votre toit est tout cela !

Et le moment est venu de lever le voile pour profiter avec gourmandise de ce qui est là, sous votre toit, ces ressources illimitées souvent inutilisées. Avec délicatesse, il est temps de s'engager ensemble sur ce chemin inattendu (peut-être) et savoureux, à coup sûr, qui vous sépare de l'âme de votre habitation. Elle vous attend ! Elle aspire à cette rencontre, elle a soif de vos échanges, elle est gourmande de vos contacts, elle n'attend que vous pour vous nourrir, vous désaltérer, vous manifester son affection, vous émerveiller, vous surprendre, vous assurer de son soutien, faire émerger le meilleur de vous-même.

Sachez que rien de ce qui se produit sous votre toit n'est un hasard ; tout ce qui s'y déroule relève d'une histoire d'amour insoupçonnée. Eh oui, une histoire d'amour qui nous échappe souvent ! Une histoire d'amour à laquelle on résiste la plupart du temps. Et plus on résiste, plus la maison cherche à être entendue... Que d'incompréhensions inutiles ! Alors je vous propose de mettre fin à ces malentendus pour découvrir la magnifique histoire d'amour qui se cache sous votre toit. Vous engager sur cette voie vous conduira à garder votre cœur ouvert, à vibrer encore plus fort, à vous accueillir entièrement, à réaliser qui vous êtes vraiment, à enchanter votre vie !

Commençons cette histoire d'amour par le début...

1.

Votre maison a une âme… comme vous !

« Tout ce à quoi on résiste persiste
et tout ce qu'on embrasse s'efface. »
Carl G. Jung

Tout, autour de vous, vibre… donc votre maison aussi !

Eh oui, tout autour de vous émet une énergie, envoie un signal ! C'est une des grandes lois de l'Univers qui n'avait pas échappé à Albert Einstein, qui notait : « Toute matière est énergie. » Ainsi, tout ce qui nous entoure vibre, quelles que soient sa matière ou sa taille, qu'il s'agisse d'un objet, d'un meuble, d'éléments intérieurs ou extérieurs : un lieu, une forêt, un champ, un arbre… Et bien évidemment, il n'est pas nécessaire d'être doté d'un rythme cardiaque ou d'être en vie pour émettre cette vibration. Même ce que nous pensons être « inanimé », comme une pierre, un bâtiment ou une voiture, émet de l'énergie, car chacun est pourvu d'un volume et d'une matière qui eux-mêmes vibrent. Ainsi, un cristal ne vibrera pas comme un diamant, un tissu synthétique ne vibrera pas comme de la soie.

Et ce n'est pas tout ! Même une pensée, un mot, une croyance, un souvenir vibrent alors même qu'ils n'ont pas de matière ! Souvenez-vous de cette sagesse ancestrale pleine de clairvoyance : « C'est l'intention qui compte. » Souvent, nous réduisons ce dicton à un encouragement à l'indulgence : même si le résultat n'est pas à la hauteur des attentes, il convient de l'évaluer au regard de l'intention.

En réalité, cette sagesse a vocation à nous faire prendre conscience que **l'intention est suffisante pour créer une impulsion**, un signal. Prenons un exemple : dans deux jours, c'est l'anniversaire d'un ou d'une ami(e) à qui vous souhaitez faire un cadeau. Vous vous mettez à réfléchir à quelque chose qui lui ferait plaisir, et l'idée surgit : vous allez lui offrir ce roman dont tout le monde parle et qui semble très drôle. Cette idée de cadeau, qui découle de l'intention de faire plaisir, suffit à vous faire passer à la librairie et à acheter le livre. Vous venez d'expérimenter que l'intention est suffisante pour donner naissance à un signal, une vibration, une énergie suffisamment puissante pour vous mettre en mouvement et déplacer des montagnes ! C'est une deuxième loi de l'Univers.

Et dès lors qu'un signal est émis, il peut être réceptionné. C'est exactement ce que fait l'Univers : il le perçoit au même titre que vous qui allez parfois le recevoir de manière suffisamment forte pour générer, chez vous, une prise de conscience ou une envie d'agir. C'est la raison pour laquelle **il est si important de prendre conscience de ce que nous émettons**. Transmettons-nous à l'Univers une énergie d'insatisfaction, de peur, de frustration ou, au contraire, de paix, de joie, de gratitude ?

Si l'intention est créatrice, a fortiori la pensée l'est également, tout comme les mots que nous utilisons ou notre état intérieur. C'est bien évidemment la raison pour laquelle, lorsque votre état intérieur est perturbé, vous attirez à vous des perturbations : c'est simplement que le signal que vous émettez est celui de la perturbation.

Afin de vous signifier que votre message a bien été reçu, l'Univers vous répond sur le même mode, sur la même longueur d'onde, en vous envoyant la même vibration. C'est cela, la **loi de l'attraction**. Ainsi, ce que vous vivez à l'extérieur n'est, en réalité, que le reflet de ce qui se passe, souvent inconsciemment, à l'intérieur. Ce que vous vivez à l'extérieur est donc un indicateur majeur de la vibration que vous émettez depuis

Focus

Un exemple de la vie courante

Lorsque vous vous levez du « pied gauche » et que, effectivement, tout concourt à vous prouver que la journée est mal engagée – vous renversez votre thé sur votre chemisier, vos clés se sont volatilisées, votre enfant est fiévreux et la nounou est aux abonnés absents… –, ce n'est pas parce que l'Univers s'est mobilisé contre vous ! C'est que votre pensée est créatrice et que cette vibration que vous avez ressentie en vous levant vous a devancé. Elle a bien fait son travail et a attiré à vous tout le potentiel de contrariétés qui se trouvait à portée de vibration. Tandis que le potentiel de choses agréables, qui est également là, au même endroit, a été relégué et attend que votre vibration l'attire et l'autorise à se manifester.

votre espace intérieur. Tant que vous gardez en vous cette vibration intérieure, vous obtiendrez le même résultat à l'extérieur de vous. Dès lors que vous prenez conscience de ce que vous émettez, votre vie sera transformée de fond en comble. Car le but des expériences qui se présentent dans votre vie n'est pas de vous rendre parfait, vous l'êtes déjà, mais de vous permettre de vous unifier, de vous accueillir totalement. En cessant de vous dérober à vous-même et en acceptant de faire connaissance avec ces vibrations, en les plongeant dans la lumière de votre conscience, vous devenez créateur de votre vie au lieu de la subir. Alors n'attendez pas : observez comme vous vibrez et comme vous êtes créateur tous les jours !

À vous de jouer !

Faites l'expérience par vous-même que la pensée comme l'intention ou le verbe sont créateurs[1] *:*
Mettez du riz cuit dans deux verres. Écrivez sur un Post-it les mots « amour, paix, joie, plénitude » (ou tout autre mot qui vous apporte du bien-être) puis collez-le sur le premier verre.
Écrivez sur un autre Post-it des mots tels que « guerre, violence, souffrance », collez-le sur le deuxième verre.
Placez les deux verres côte à côte dans votre cuisine et patientez.
Au bout de quinze jours à trois semaines (tout dépend de la saison et de la température ambiante), observez la différence : dans l'un, le riz sera blanc comme neige, dans l'autre, le riz sera gâté.

Une fois l'idée que tout vibre, que tout émet un signal, vous est familière, vous conviendrez bien évidemment que votre maison vibre aussi, du simple fait qu'elle existe, qu'elle est là avec son volume, sa surface, son style…

Et la suite logique nous amène à prendre conscience que **ce signal émis par votre habitation, une fois envoyé, peut être reçu**. Or, qui est en mesure ici et maintenant de réceptionner ce signal ? Qui est le plus à même d'écouter cette vibration ? Qui a la possibilité de s'y connecter de manière volontaire ? *Vous !* En effet, il ne tient qu'à vous de décider de vous connecter à la vibration de tel ou tel objet, telle ou telle personne, tel ou tel lieu. Vous le faites d'ailleurs régulièrement, sans vous en rendre compte : ne vous êtes-vous pas déjà senti bien dans un endroit ou au contraire oppressé, angoissé, gêné, mal à l'aise, sans qu'il y ait vraiment de raison objective ? Ne vous est-il jamais arrivé de penser à un lieu que vous aimez et de vous sentir ragaillardi, de bonne humeur, détendu ? C'est ce qu'il se produit lorsque vous vous connectez à des lieux qui vous ressourcent. Pourtant vous n'êtes pas dans ce lieu. Mais, par un simple travail d'évocation, vous vous êtes connecté à la vibration du lieu et cette vibration vous régénère.

C'est cette vibration que j'appelle « l'âme de la maison ». Bien évidemment, ce terme peut paraître exagéré, saugrenu, trop chargé de connotations religieuses, galvaudé. Il ne s'agit évidemment pas de l'âme au sens théologique. Pourtant, lorsque vous aurez l'habitude de communiquer avec votre maison, cela vous paraîtra des plus naturels qu'elle ait une sensibilité propre, une personnalité, des émotions, des envies, des aspirations…

À vous de jouer !

Fermez les yeux et prenez cinq grandes inspirations et expirations. Imaginez que vous vous rendez dans un lieu que vous aimez : une maison, un appartement, une pièce, un endroit dans lequel vous vous sentez bien.
Listez ce que vous ressentez quand vous voyez ce lieu :.......
....
....
Listez ce que vous ressentez quand vous entrez dans ce lieu :...
....
....
Listez ce que vous ressentez quand vous y posez vos bagages :
....
....
Vous sentez-vous accueilli, en sécurité, intimidé, rassuré, détendu, heureux ? Tous ces ressentis sont-ils nouveaux pour vous ? Si vous réussissez à les nommer, c'est sans doute que vous les reconnaissez pour les avoir déjà vécus dans des lieux ou en présence de quelqu'un. Ainsi, vous pouvez observer que ce n'est pas si éloigné de ce que vous ressentez au côté d'une personne que vous appréciez ?
Vous venez d'expérimenter qu'un lieu éveille des émotions et des ressentis aussi vrais que ceux que vous vivez en présence d'une personne aimée.
Ces émotions, ces ressentis vous donnent de l'énergie, vous transmettent une vibration ?
Décrivez les émotions que ce souvenir fait émerger...........
....
....
....
Si un souvenir peut éveiller cela, il n'y a aucune raison que le « ici et maintenant » ne puisse le faire ! Êtes-vous d'accord ?

Partage d'expérience[2]

Monsieur et Madame Y. ont un coup de cœur pour une petite maison totalement isolée et qui n'est plus habitée depuis fort longtemps. Elle ne dispose ni de l'eau courante ni de l'électricité. Ils choisissent malgré tout de l'acheter et imaginent de nombreux projets familiaux avec et autour de cette maison. Dans un premier temps, ils décident de refaire la toiture et de construire un étage pour y accueillir leurs trois enfants. Une fois l'étage construit, ils se rendent compte que poursuivre ce projet d'aménagement est au-delà de leurs forces et du temps qu'ils peuvent consacrer aux travaux.

Au même moment, dans le village le plus proche, une maison se libère, que M. Y. a toujours rêvé d'acquérir car elle lui rappelle le temps où son grand-père habitait dans le village.

Il faut donc se rendre à la raison et vendre la maison de la forêt. Et c'est là que les ennuis commencent : un pan du mur d'enceinte s'effondre sur le portail, un glissement de terrain rend le jardin impraticable, des visiteurs cambriolent deux fois les lieux, deux promesses de vente tombent à l'eau.

Devant l'incompréhension des propriétaires et leur inquiétude grandissante, un protocole de soins à distance est mis en place et un dialogue s'engage. La maison exprime alors son immense tristesse : elle se sent terriblement abandonnée alors qu'elle avait accueilli cette famille à bras ouverts. Elle avait en effet totalement adhéré à ce projet familial qui lui permettait de goûter à une vie de famille à laquelle elle aspirait depuis longtemps. Elle se sentait également trahie par les propriétaires, qui veulent la quitter sans lui avoir expliqué pourquoi leur projet ne pouvait finalement pas se concrétiser. Et elle manifestait sa tristesse du mieux qu'elle pouvait pour se faire entendre.

Une fois que les propriétaires ont accueilli ses messages, ils ont pu prendre en considération les ressentis de leur maison, ses émotions et ses demandes. Le dialogue restauré, une entente a pu être facilement trouvée pour que la maison soit vendue : les futurs acquéreurs devraient avoir un vrai projet de vie pour cette demeure, celle-ci ne souhaitant pas être juste une maison de passage ou de week-end.

Deux personnes manifestent leur intérêt peu après : un couple qui a le projet de la transformer en maison d'hôtes avec spa et un homme qui veut l'utiliser comme maison de chasse. C'est bien sûr le couple qui l'emporte et qui devient propriétaire de la maison dans la forêt.

Maintenant que vous êtes familiarisé avec l'idée que votre maison vit et vibre par elle-même et que vous pouvez capter cette vibration, nous pouvons accueillir l'étape suivante, qui est d'échanger avec elle. Échanger, c'est-à-dire ??? Eh bien, parler avec elle, tout simplement. Cet échange se produit dans le calme de votre for intérieur. Il est donc important pour échanger avec votre maison que vous soyez disponible pour elle, à savoir pleinement présent, loin des sollicitations habituelles (téléphone, radio, sms, télévision, musique), afin que vous puissiez l'accueillir comme vous accueillez un ou une ami(e) qui vous rend visite. Il ne s'agit pas de mettre les petits plats dans les grands, mais juste de lui accorder du temps et de l'espace à l'intérieur de vous. Cet espace se manifeste dès lors que vous calmez le rythme de votre mental, dès lors que vous acceptez de faire le silence, de laisser aller les pensées, de ne pas les alimenter. Alors, un espace se matérialise. C'est dans cet espace intérieur que vous allez rencontrer l'âme de votre maison, ressentir sa vibration, vous laisser toucher par sa présence, par sa personnalité.

Votre maison peut vous nourrir…

Entre votre maison et vous, c'est un vase communicant. Plus vous serez connecté à votre maison, plus vous échangerez avec elle, plus elle vous nourrira. L'idée est donc de vous amener à développer une symbiose joyeuse avec elle, grâce à des échanges fluides et fructueux. En effet, lorsque vous établissez une communication régulière et satisfaisante avec votre maison, vous accédez à ses ressources, qui sont infinies. Cela peut être, par exemple, sa sagesse, sa générosité, son enthousiasme, son soutien, sa clairvoyance… Et vous pouvez alors déployer ces qualités dans votre quotidien. Vous vous en trouverez nourri, revigoré, prêt à vous lancer ou à aller plus loin, en tout cas toujours tiré vers le haut.

Comment permettre ces échanges ? En installant le calme mental et le calme intérieur, en vous aidant de la respiration profonde, lente, abdominale, afin de permettre à votre mental de poser le brouhaha incessant dans lequel il est plongé quotidiennement. Une fois que le calme est installé, vous avez accès à votre espace intérieur, que vous pouvez d'ailleurs, si cela est plus confortable pour vous, aménager comme vous le voulez : de couleurs, de sensations, de paysages… Quelle que soit votre préférence, c'est là que vous allez échanger avec votre maison.

Pour bénéficier de tous les bienfaits que peut vous apporter votre lieu de vie et pour entrer en communication facilement avec lui, je vous recommande de mettre en place un protocole simple, que vous utiliserez à chaque fois que vous voulez lui parler ou l'écouter. À vous de trouver quelle est la manière la plus agréable pour vous de vous mettre dans l'état d'esprit de communiquer avec votre lieu de vie.

À vous de jouer !

Ce protocole peut, par exemple, prendre cette forme :
Installez-vous confortablement, assis ou allongé, dans l'endroit de votre habitation que vous préférez. Au début, choisissez toujours la même pièce, toujours le même siège, toujours la même position, afin d'indiquer à votre mental que le « temps calme » commence. Vous pouvez également allumer une bougie, diffuser des huiles essentielles…
Inspirez trois fois profondément, lentement, en gonflant le ventre afin de bien débloquer le diaphragme. À l'inspiration, concentrez-vous sur le haut de votre tête et, à l'expiration, reportez votre attention sur la plante de vos pieds, afin d'installer le calme intérieur.
Dès que ce calme intérieur s'installe, un espace se crée dans votre for intérieur, espace propice aux échanges.
Saluez votre maison, remerciez-la (de vous abriter, de vous accueillir dans un cadre qui vous plaît, qui est à vous, de vous protéger de la pluie, du froid, etc.), puis verbalisez votre intention et invitez l'âme de votre maison à échanger avec vous.
Posez-lui une question et écoutez monter en vous la réponse. Accueillez-la quelle qu'elle soit, même si elle n'a pas de sens (selon votre mental) au regard de votre question. Elle peut

prendre la forme d'un mot, d'une notion, d'une couleur, d'un animal, d'un symbole, d'une lumière, d'une ombre, d'une émotion ou bien d'autres choses?
Prenez le temps d'accueillir la réponse et de l'expérimenter. Si c'est un objet, une notion, un symbole ou autre, laissez-les vivre en vous, même si ce qui vient est surprenant au premier abord. C'est la voie que la maison a trouvée pour vous aider et vous faire comprendre ce qu'elle a à vous dire.
Observez ce qui se passe, les émotions que cela fait naître en vous, ce qui s'anime, comme un voyage qui se présente à vous. Vivez-le et laissez émerger la sagesse cachée de cette réponse.
Une fois que vous avez entendu et expérimenté la réponse, que cela a généré un déclic en vous, remerciez votre maison pour sa réponse, partagez avec elle le bénéfice de cette réponse, puis posez une autre question ou revenez tranquillement à vous.
Dans la foulée, notez dans un cahier dédié votre question, la réponse que vous avez obtenue et la date. Cette étape est essentielle, elle permet aux réponses récoltées de déployer leurs richesses, secrets, trésors et enseignements. Vous pourrez ainsi les savourer et y goûter à chaque fois que vous vous y reporterez.

Il est toujours intéressant d'observer que cette expérience ne laisse jamais indifférent. On peut en revenir étonné, interpellé, estomaqué, inquiet, enthousiaste, ragaillardi, reconnaissant… Tout est possible! Si vous n'avez qu'à moitié réussi cette méditation, pas de panique! Sachez que plus vous expérimenterez ce cheminement vers vous-même et vers cet espace de dialogue, plus il sera aisé, évident et joyeux. Même si le message n'est pas compris sur le moment, rassurez-vous, il prendra sens plus tard.

... comme elle peut grignoter vos ressources

Bien évidemment, une maison, qui accueille et nourrit ses occupants de son énergie, peut également faire de la résistance et couper l'alimentation des vases communicants. Cette résistance n'a jamais pour vocation de faire du mal. Cette résistance a, au contraire, pour objet de vous faire évoluer, de vous faire comprendre que votre maison n'adhère pas aux mécanismes que vous entretenez. C'est la manière qu'ont les maisons de signifier à leurs occupants qu'elles aspirent à mieux. **Cette résistance est donc un outil de développement personnel extraordinaire pour installer davantage:** de fluidité dans votre vie, de souplesse dans vos manières de penser, de créativité pour lutter contre vos automatismes bien ancrés, de liberté pour révéler qui vous êtes vraiment.

En un mot, ces résistances sont un outil pour surmonter et lâcher nos blocages.

Ces résistances peuvent d'abord être passives, donc douces. Dans ce cas, la maison ne vous nourrit plus et vous vous sentez: épuisé, insatisfait, énervé, sans tonus, critique, de mauvaise humeur, paranoïaque, inquiet, contrarié, vous dormez mal sans qu'il y ait de raisons apparentes, vous vous réveillez fatigué.

Dans un second temps, si vous continuez à faire la sourde oreille, votre lieu de vie peut choisir de faire de la résistance active, comme nous l'avons vu pour la maison de la forêt. Dans ce cas, le message de son insatisfaction vous sera délivré de manière beaucoup plus énergique : vous allez vous sentir angoissé à certaines heures de la journée quand vous êtes dans votre maison, vous allez prendre en grippe une pièce de votre habitation que vous ne pourrez plus habiter, vous allez subir des complications inattendues et inimaginables qui vont se manifester de manière insistante (des pannes ou des fuites d'eau à répétition, un mur qui s'effondre, des travaux qui n'en finissent pas, des promesses d'achat qui n'aboutissent pas, etc.).

Partage d'expérience

Mme T. et son mari rachètent la maison de famille. Cette maison appartenait au frère et à la belle-sœur de M. T. Les derniers propriétaires y ont passé de très belles années et y ont élevé tous leurs enfants. Maintenant que les enfants sont grands et loin, la maison est une charge trop importante pour eux. Comme ils s'entendent très bien avec Mme T. et son mari, la solution de cette vente émerge rapidement. D'ailleurs, l'opportunité que la maison, à laquelle tout le monde est très attaché, reste dans la famille fait l'unanimité.

Pourtant, une fois la maison acquise, Mme T. commence à s'y sentir mal à l'aise, ce qui ne s'était jamais produit auparavant.

Cela se manifeste quand la nuit tombe, lorsqu'elle est dans le grand salon ou dans la chambre à coucher. Mme T. est si reconnaissante d'être propriétaire de cette maison qu'elle n'a rien touché de la décoration intérieure ; elle a juste fait des travaux de restauration de la façade, refait le perron et beaucoup travaillé dans le jardin, qu'elle adore et qu'elle a largement embelli.
Puis le malaise devient indéniable et plus problématique : les plombs sautent sans arrêt, sans aucune explication rationnelle. Mme T. décide alors de faire intervenir un électricien. Après plusieurs réparations sans amélioration, le tableau électrique est changé. Les plombs sautent moins régulièrement, mais les appareils électriques rendent l'âme, les uns après les autres, quelle que soit la pièce dans laquelle ils sont branchés. L'électricien est face à une énigme.
Déçue et à bout de solutions, Mme T. décide de prendre le problème à bras-le-corps.
Au cours d'un soin énergétique à distance, le dialogue s'engage alors entre la maison et elle. Quelle n'est pas la surprise de Mme T. lorsque la maison lui explique à quel point elle se sent traitée injustement ! En effet, par humilité, Mme T. n'osait pas investir réellement cette maison : elle n'avait rien changé à la décoration, n'osait pas y imprimer sa personnalité, se refrénait pour y recevoir sa famille ou ses amis de peur que son bonheur soit ostentatoire, et dormait dans la chambre des anciens propriétaires telle qu'ils l'avaient laissée. Pourtant la maison était très enthousiaste à l'idée d'accueillir ses nouveaux propriétaires et adhérait à 200 % à leur projet de faire revivre cette demeure familiale, spacieuse et idéale pour recevoir enfants, petits-enfants, amis, etc.
La maison avait essayé, en vain, d'alerter Mme T. sur le fait qu'elle n'osait pas investir les lieux. Elle se contentait d'être gardienne d'une maison et de la conserver en l'état. Pourtant, ce lieu aspire à revivre. Mme T. faisant la sourde oreille, la maison n'a pas eu d'autre solution que d'insister lourdement pour se faire entendre. Une fois que Mme T. a pris conscience de la culpabilité qu'elle portait, elle comprend également à quel point elle se sent, à tort, illégitime, n'étant qu'une « pièce rapportée » dans la famille. Bien évidemment, la maison ne le voit pas de cet œil-là :

elle est pleine de gratitude que Mme T. ait accepté de la racheter et souhaite simplement que celle-ci prenne sa juste place. Comme par enchantement, une fois l'enseignement délivré, l'électricien a trouvé la solution au problème électrique que rencontrait la maison.

Une citation de Françoise Dorn[3] explique très bien l'attitude de résistance que vous pouvez rencontrer avec votre maison :

> *« Pendant des années, j'ai attendu que ma vie change. Je sais maintenant que c'est elle qui attendait que je change. »*

Remplacez simplement « vie » par « maison ».

Ainsi, lorsque vous observez que des événements répétitifs et gênants se produisent dans votre maison, ne tardez pas, mettez-vous en connexion avec votre maison afin de comprendre le message qu'elle veut vous faire passer. Ce message a toujours vocation à nous faire évoluer vers le mieux, à nous faire dépasser nos blocages, les limites que nous nous sommes posées ou que nous avons acceptées. Il vous faudra peut-être vous y prendre à deux fois ou plus. Il arrive que le message soit délivré de manière progressive afin que nous ayons le temps de l'assimilation et que les déclics puissent s'amorcer. Nous verrons en détail comment faire dans le chapitre 3. Quoi qu'il en soit, cela vaut toujours le coup de prendre le temps de se poser et d'écouter. N'est-ce pas ce que fait le jardinier en attendant que la graine pousse et devienne fleur ?

Un espace propice aux échanges avec votre lieu de vie : cultivez votre for intérieur !

Pour faciliter cette écoute et vous rendre plus facilement disponible à ce dialogue, je vous invite à faire un voyage vers vous-même le plus souvent possible. Bien sûr, ceux qui pratiquent la méditation, le recueillement ou la prière ont une longueur d'avance car ils connaissent le chemin et l'empruntent régulièrement. C'est la raison pour laquelle toutes les pratiques qui permettent de développer votre espace intérieur sont les bienvenues : yoga, qi gong, méditation, prière, contemplation...

Sachez que plus votre espace intérieur est spacieux, plus vous serez à l'aise pour échanger avec l'âme de votre maison ou avec toute autre énergie dont vous avez besoin, alors cultivez votre for intérieur en déblayant le terrain !

À vous de jouer !

Installez-vous confortablement, assis ou allongé, dans l'endroit que vous préférez chez vous.
Inspirez trois fois profondément, lentement, en gonflant le ventre afin de bien débloquer le diaphragme. À l'inspiration, concentrez-vous sur le haut de votre tête et, à l'expiration, reportez votre attention sur la plante de vos pieds, afin d'installer le calme intérieur.
Dès que ce calme intérieur s'installe, comptez à rebours de 10 à 0, en visualisant ou en imaginant que vous empruntez un escalier et le descendez.
Lorsque vous arrivez au 0, vous vous trouvez devant de grandes portes qui s'ouvrent, et une présence, une personne, vous accueille. Vous lui demandez son prénom et cette présence vous emmène découvrir le jardin de vos rêves.
Observez ce jardin idéal, ses arbres, fleurs, plates-bandes, sentiers, la vue.
Êtes-vous à la montagne ? Au bord de la mer ? À la campagne ?
Regardez vos pieds et observez s'ils sont nus ou chaussés. Marchez-vous dans l'herbe, dans l'eau, dans du sable ?
Quelles sensations ressentez-vous et dites-le avec des adjectifs : c'est chaud, frais, doux, moelleux…
Quand vous ressentez cela, comment vous sentez-vous ? Observez et dites-le avec un adjectif : je me sens détendu, calme, surpris, apaisé, léger…
Laissez cette énergie circuler en vous, à l'intérieur de vous. Laissez ce bien-être vous envahir, vous ressourcer.
Baignez-vous dans ce bien-être en le faisant circuler dans toutes les parties de votre corps et profitez de cet apaisement et de la détente que cela vous procure.

Il est tout à fait possible de réaliser cette méditation en ouvrant et refermant les yeux au fur et à mesure de votre progression. Cependant, si votre mental vous convainc que ce n'est pas possible ou que cela vous semble plus confortable, vous pouvez enregistrer cette méditation en utilisant la fonction dictaphone de votre smartphone. Il ne vous reste plus qu'à brancher vos écouteurs…

Dans cet espace, vous allez vous ressourcer, vous recharger en énergies positives, vous régénérer. Plus vous vous retrouverez vous-même dans cet espace, plus vous vous y connecterez, plus vous serez en harmonie et surtout plus vous vous sentirez apaisé et rassasié. C'est dans cet espace que vous pouvez vous connecter à votre sagesse sacrée et à vos ressources, qui sont infinies. À cet endroit, vous pouvez également vous connecter à n'importe quelle énergie afin de bénéficier de ses qualités. Ainsi, lorsque vous contactez l'âme de votre maison, vous avez également accès à toutes ses ressources, qui sont immenses ! Alors n'hésitez pas ! Demandez-lui conseil ou aide. Sachez que votre maison peut répondre à tous vos besoins, dès lors qu'elle est entendue, respectée, considérée. N'hésitez pas à lui exprimer vos attentes, vos souhaits, vos aspirations et demandez-lui si elle est d'accord pour vous aider.

2.

Faites l'état des lieux de votre maison

« Reconnais que l'autre, c'est toi. »
Sagesse indienne

Évaluer les énergies en présence

Au même titre que vous faites un grand ménage et un grand rangement aux changements de saison, en triant ce que vous gardez, ce que vous donnez et ce que vous jetez, vous allez faire de même avec les énergies en présence dans votre lieu de vie. Dès le premier bilan, vous verrez votre maison sous un autre jour, vous la découvrirez sous un autre angle, vous y apprécierez de nouvelles saveurs !

En effet, il est extrêmement profitable pour vous comme pour votre lieu de vie d'appliquer la règle que vous utilisez déjà pour vos affaires. C'est une question à la fois d'hygiène et de bon sens :

plus vous faites de la place en libérant les énergies anciennes, plus vous pourrez accueillir des énergies nouvelles! Et qui dit « nouvelles » dit « ressourçantes, lumineuses, stimulantes, apaisantes, délicieuses, etc. ». Il est tout simplement plus écologique d'intervenir en prévention plutôt qu'en réaction, comme le souligne cette sagesse universelle: « Ne pas attendre d'être malade pour prendre soin de soi, comme on n'attend pas d'avoir soif pour creuser un puits. »

Alors plus vous saurez où vous en êtes avec votre maison, c'est-à-dire plus vous réussirez à identifier ce que vous aimez dans votre lieu de vie, ce que vous appréciez, ce qui vous ressource et ce à quoi vous aspirez, plus vous saurez déterminer ce qui pourrait être amélioré, là où vous vous sentez moins à l'aise, là où vous rencontrez éventuellement des difficultés, des blocages ou des résistances.

Une fois en possession de ces éléments, 80 % du travail est fait: fort de ces réponses, vous interviendrez à bon escient, sans effort, de manière parfaitement écologique pour vous comme pour votre maison.

Alors, comment effectuer cette évaluation? En vous interrogeant, afin de faire le tri entre les énergies que vous aimez, les énergies que vous n'aimez pas, celles qui ne vous correspondent plus et celles que vous souhaitez installer. Ce travail d'introspection a mille visages et peut prendre toute forme qui vous convienne. Vous pouvez par exemple vous interroger sur ce que vous ressentez pièce par pièce. Ou vous pouvez préférer observer ce que vous ressentez au fil de la journée : au réveil, quand vous faites votre toilette, quand vous préparez votre déjeuner, quand vous partez, quand vous revenez, quand vous devez allumer la lumière à la tombée de la nuit, etc. Et vous listez, ce que vous ressentez, ce que vous aimez, ce que vous n'aimez pas, ce qui vous surprend, ce qui vous inquiète, ce qui vous semble lourd, léger, agréable, désagréable, etc., sans aucune censure, bien évidemment. Et si vous avez besoin d'un coup de pouce pour vous lancer, voici un questionnaire qui peut vous mettre sur les rails.

Comme il y a plusieurs manières de prendre soin de votre corps, il y a de nombreuses façons de prendre soin de votre maison. Vous en pratiquez sûrement un certain nombre, par exemple faire le ménage, effectuer les réparations qui s'imposent, réaliser les travaux d'entretien ou d'embellissement, travailler dans le jardin… Il y a également celle qui consiste à nettoyer les énergies qui vous dérangent et qui en disent long sur vous.

À vous de jouer !

Installez-vous confortablement au calme avec un stylo et un papier et prenez quelques minutes pour répondre honnêtement à ces questions :
Quand vous rentrez chez vous, quelles sont les premières choses que vous faites ?
Comment vous sentez-vous juste après être rentré ?
Avez-vous des rituels quand vous rentrez chez vous ?
Vous sentez-vous accueilli par votre lieu de vie ?
Y a-t-il une pièce où vous vous dirigez juste après être rentré ?
Y a-t-il une pièce dans laquelle vous aimez vous installer ?
Avez-vous une pièce préférée ?
Y a-t-il un endroit chez vous où vous vous ressourcez ?
Avez-vous des habitudes : passer toujours par ce chemin plutôt qu'un autre, fermer telle porte plutôt qu'une autre, ouvrir telle fenêtre plutôt que celle d'à côté ?
Y a-t-il un endroit dans votre maison où vous n'allez jamais ? À votre avis, pourquoi ?
Y a-t-il un endroit dans votre lieu de vie que vous n'aimez pas ? Pour quelles raisons ?
Êtes-vous content de vous retrouver chez vous après une absence significative (vacances d'une à deux semaines) ?
Chez vous, vous sentez-vous chez vous ? Quelle que soit la réponse, selon vous, pourquoi ?
Y a-t-il une pièce dans laquelle vous vous sentez moins chez vous ou que vous n'arrivez pas à occuper ou à investir comme vous le souhaiteriez ?
Dans quelle pièce vous vous sentez le mieux ? Pourquoi ?
Dans quelle pièce vous vous sentez le moins bien ? Pourquoi ?
Y a-t-il une pièce dans laquelle vous vous sentez mal à l'aise, angoissé ou en insécurité ?
Y a-t-il une raison objective : la pièce est trop sombre, pas assez aérée, elle vous rappelle des mauvais souvenirs, elle accueille des meubles qui ne vous plaisent plus, etc. ?

De quoi auriez-vous besoin pour pouvoir vous sentir mieux dans cette pièce ?
De quoi avez-vous besoin pour vous sentir encore plus et encore mieux chez vous ?
Que pouvez-vous mettre en place simplement pour augmenter cette sensation ?
Quelle est la première action que vous vous engagez à accomplir pour cela ?
Et la deuxième ?

Peut-être avez-vous ressenti des émotions inattendues en répondant à ces questions : de la surprise, de la gêne, des réticences, l'envie d'embellir la réalité, etc. Ces ressentis, que vous ne soupçonniez pas de manière consciente il y a un instant, sont suffisants pour vous alerter que quelque chose se joue à cet endroit. Le simple fait de ressentir un petit resserrement, une résistance, indique que les énergies ne sont pas fluides comme elles pourraient l'être, qu'il y a un tri à effectuer, un ménage à faire, un message à recueillir et, en bonus, un cadeau à recevoir...

Travailler en résonance : reconnaître que votre maison, c'est vous !

Une fois que le bilan est fait, comment gérer ce qui s'est révélé à vous ? Eh bien à deux niveaux : au niveau énergétique bien sûr, et nous verrons comment procéder dans la section qui suit, mais également en allant chercher en vous-même en quoi l'énergie qui se situe dans votre maison – et que vous souhaitez libérer – parle de vous ou d'une situation que vous êtes en train de traverser. **Trouver ce point commun, cette vibration commune, cette résonance est essentiel.** Car cette union entre l'énergie dont vous souhaitez libérer votre maison et vous-même rendra le travail énergétique d'autant plus efficace.

Eh oui, souvenez-vous que « charité bien ordonnée commence par soi-même ». Ce que révèlent les énergies présentes dans votre lieu de vie est forcément en résonance avec ce qui se trouve en vous. Ainsi, le principal bénéficiaire d'un nettoyage énergétique de votre lieu de vie sera vous-même. Et vous verrez que cela vous donne accès à un outil de libération personnelle simple à utiliser et d'une puissance extraordinaire.

Prenons un exemple : si vous ressentez de l'hésitation à rentrer chez vous ou à occuper une pièce de votre lieu de vie, le chemin le plus rapide pour lever le lièvre qui s'y trouve est de vous interroger sur le domaine de votre vie dans lequel actuellement vous sentez de l'hésitation. Cheminez tranquillement vers cette zone où vous rencontrez de l'hésitation dans votre vie. Est-ce dans votre travail ? Est-ce dans votre famille, avec vos amis ? Est-ce dans un projet personnel que vous n'arrivez pas à concrétiser ? Bravo ! Une fois que vous avez pris conscience de l'origine de cette hésitation, 80 % du travail est réalisé. Il ne reste plus qu'à « vider » la mémoire corporelle, c'est-à-dire à libérer votre corps de l'empreinte de cette énergie qui vibre à votre insu. La déprogrammer, c'est aller la chercher là où votre corps réagit lorsque vous pensez à la situation d'hésitation puis remettre en circulation ce qui stagne.

À vous de jouer !

Installez-vous et respirez profondément trois fois afin que votre souffle se répande partout en vous, de votre plancher pelvien au haut de votre crâne en passant par votre sphère abdominale.
Pensez à une des réponses que vous avez obtenues en réalisant l'évaluation des énergies présentes dans votre maison, une réponse qui vous met mal à l'aise.
Mettez un mot, une émotion, un sentiment sur cette énergie que vous avez trouvée.
Cherchez en quoi cette énergie est une résonance, un rappel, un miroir, de ce que vous vivez déjà dans votre vie personnelle ou professionnelle.
Il s'avère que votre lieu de vie vous alerte sur cette énergie pesante qui se trouve en vous et que vous portez.
Une fois que vous avez trouvé à quoi cette énergie fait référence, scannez votre corps et regardez où votre corps réagit.
Posez la main sur la sensation corporelle.
Accueillez cette sensation et entourez-la de votre souffle.
Imaginez que lorsque vous inspirez, vous entourez cette sensation de lumière.
Quand vous expirez, votre souffle entraîne votre sensation vers la terre.
Tout en faisant cela, détachez très doucement votre main de votre corps et éloignez votre main le plus loin possible de lui.

Une fois que la sensation n'est plus dans votre corps, qu'elle est descendue dans vos jambes, dans vos pieds, dans la terre, ou que votre main l'a emmenée, demandez à la Terre mère de transmuter cette énergie en amour inconditionnel, en utilisant une formulation qui vous convient, par exemple la formule de Ho'oponopono[5] « désolé, pardonne-moi s'il te plaît, merci, je t'aime » ou tout simplement « merci, je t'aime et je te libère ».
Observez la sensation de vide, de fluidité, de légèreté, de bien-être... qui s'installe et faites circuler cette énergie partout dans votre corps.
Repensez à la situation d'origine et scannez votre corps pour vérifier qu'il n'y a plus de résidu.

Ainsi, vous comprenez que votre maison n'a absolument pas vocation à vous embêter ni à vous compliquer la vie. Elle cherche simplement à vous libérer de ce qui vous limite. Qu'il s'agisse d'une empreinte latente, d'une mémoire qui ne vous appartient pas, d'un comportement contre-productif, d'un schéma de fonctionnement obsolète, votre maison vous signale là où vous devez intervenir en priorité. Votre maison vous conduit sur le chemin de cette sagesse indienne : « Faites le vide en vous et laissez l'univers vous combler. »

C'est aussi la raison pour laquelle les ressentis ne seront pas toujours les mêmes selon les personnes en présence. Ce que vous ressentez dans telle pièce peut tout à fait être différent de ce que ressent votre conjoint. Cela veut simplement dire que vous n'avez pas les mêmes priorités à travailler ou mémoires à libérer. Alors faites-vous confiance. Si vous ressentez régulièrement un malaise quand vous entrez dans une pièce, cela nécessite que vous fassiez ce travail d'introspection, afin de voir à quoi ce malaise fait référence pour vous. Vous disposerez ainsi de tous les éléments nécessaires pour vous libérer.

> ***Pour aller plus loin***
>
> *Bien évidemment, une fois que cette démarche vous sera familière, il vous sera facile d'extrapoler et de considérer que ce n'est pas simplement votre maison qui vous alerte sur un travail à effectuer ou une libération à entreprendre. Ce seront aussi toutes les personnes autour de vous, tous les événements qui se produisent dans votre vie, qui seront des occasions de remettre de la fluidité là où il n'y en a pas assez. Car tout ce qui se produit dans votre vie vibre à votre propre diapason.*

Libérer les énergies stagnantes

Comme il y a autant de manières de faire le ménage que d'humains, il y a autant de manière de libérer les énergies stagnantes que de maisons. Je vais bien sûr vous en indiquer un certain nombre que j'utilise mais je ne saurai être exhaustive.

Ce n'est pas parce que la méthode que vous utilisez ou dont vous avez entendu parler n'est pas décrite dans cet ouvrage qu'elle n'est pas efficace ou appropriée. Souvenez-vous que c'est l'intention qui est déterminante. Alors n'hésitez pas à être créatif ! Et faites-vous confiance : fiez-vous à vos ressentis ! Faites ce qui vous tente, ce qui vous fait envie, c'est-à-dire qui vous met en vie !

❍ *Faire place nette avec les huiles essentielles*
Les huiles essentielles effectuent un travail de nettoyage énergétique exceptionnel, tout en alliant l'utile à l'agréable, alors profitons-en ! D'autant plus qu'une huile essentielle est eubiotique, c'est-à-dire qu'elle va s'adapter à votre environnement pour lui apporter ce dont il a besoin afin de retrouver l'équilibre, de se débarrasser des éléments pathogènes et de se réharmoniser. Ainsi, travailler avec des huiles va permettre bien sûr d'embaumer votre intérieur, mais surtout : de purifier les énergies en présence et de les harmoniser, d'augmenter le taux vibratoire de votre lieu de vie, de dissoudre les blocages psychoémotionnels que vous pouvez rencontrer.

Vous pouvez choisir de les diffuser dans la pièce qui vous pose problème en utilisant un diffuseur d'huiles essentielles, un vaporisateur ou de petites coupelles que vous disposez çà et là.

Pour commencer, diffusez-les matin et soir pendant sept jours, puis accordez-vous deux/trois jours de pause pour évaluer ce que vous ressentez quand vous entrez, sortez ou êtes dans la pièce. Si votre ressenti n'est pas clair et apaisé, recommencez pendant sept jours, puis réévaluez. Bien évidemment, n'oubliez pas, après avoir évalué les énergies en présence, de réaliser le travail de résonance afin d'activer le processus.

À vous de jouer !

Voici de quoi réaliser un mélange pour purifier et harmoniser votre intérieur. Dans un flacon vaporisateur de 100 ml, mélangez les huiles essentielles suivantes :

- *citron (*Citrus limonum*) : 20 gouttes ;*
- *litsée (*Litsea citrata*) : 20 gouttes ;*
- *niaouli (*Melaleuca quinquenervia*) : 15 gouttes ;*
- *genévrier (*Juniperus communis var. montana*) : 15 gouttes ;*
- *cèdre (*Cedrus atlantica*) : 15 gouttes ;*
- *laurier (*Laurus nobilis*) : 10 gouttes ;*
- *géranium rosat (*Pelargonium asperum*) : 10 gouttes.*

Complétez avec de l'eau filtrée ou de l'eau minérale la plus neutre possible, puis vaporisez aux quatre coins de votre pièce. Comme vous savez que c'est l'intention qui compte, posez votre intention à chaque fois que vous vaporisez. Renouvelez matin et soir pendant sept jours minimum. Puis évaluez comment vous vous sentez dans la pièce. Renouvelez si nécessaire.

Vous pouvez également vous procurer au laboratoire Geobiolys[6] un vaporisateur contenant un mélange tout prêt, nommé Domus.

Pour aller plus loin

Pour une utilisation en diffuseur, je ne mélange pas plus de deux huiles, qui travailleront en synergie. Voici des propositions de mélange qui purifieront efficacement votre intérieur :

- *cèdre (*Cedrus atlantica*), romarin (*Rosmarinus officinalis*) ;*
- *genévrier (*Juniperus communis var. montana*), lavande fine (*Lavandula angustifolia*) ;*
- *citron (*Citrus limonum*), ravintsara (*Cinnamomum camphora*) ;*
- *litsée (*Litsea citrata*), eucalyptus globuleux (*Eucalyptus globulus*) ;*
- *eucalyptus radié (*Eucalyptus radiata*), niaouli (*Melaleuca quinquenervia*).*

D'autre part, vous vous souvenez que plus le travail s'effectue en résonance, plus cela va être rapide et efficace. Je vous recommande donc de disposer dans une petite coupelle, près de votre lit, le même mélange afin de bénéficier, vous aussi, des harmonisations que permettent les huiles essentielles. L'odorat étant le seul sens qui reste en éveil même pendant le sommeil, les déblocages se réaliseront tout naturellement…

Une réserve néanmoins : les huiles ne doivent pas être utilisées dans une chambre d'enfant ou si vous êtes allergique.

❍ *Encenser les fumigations*

Par fumigation, j'entends le travail avec les plantes à brûler telles que la sauge, les encens, le papier d'Arménie, etc. Dans ce procédé, c'est la fumée dégagée qui va permettre un travail de purification physique, spirituel et énergétique. On considère que les énergies négatives vont être circonscrites par la fumée dégagée puis emportées par elle à l'extérieur. Ainsi, dans ce procédé, c'est la fumée qui est recherchée et non les flammes.

Cette manière universelle de purifier est encore très répandue. On la retrouve dans de nombreuses cultures et pratiques spirituelles ou religieuses. Les Amérindiens utilisent la sauge blanche pour purifier le corps, l'esprit et l'âme, et éloigner les esprits néfastes. Les énergies négatives, emportées par la fumée de la sauge blanche, libèrent ainsi un espace propice à la guérison et à l'abondance.

Symbole d'éveil et d'illumination, l'encens chez les bouddhistes est utilisé à la fois comme vecteur de communication avec les esprits célestes et comme offrande, pour honorer Bouddha.

Dans le rite catholique, l'encens est brûlé pendant les cérémonies afin de purifier ce qui touche Dieu. C'est d'ailleurs de cet encens qui purifie et sanctifie que découle l'expression « être en odeur de sainteté ».

Vous l'aurez compris, la fumigation est une méthode extrêmement efficace pour nettoyer les lieux.

À vous de jouer !

Comment procéder ? Quelle que soit la matière première que vous choisissez, prenez un porte-encens, un encensoir, un récipient qui résiste au feu, un pot de fleurs en terre cuite ou tout autre réceptacle qui vous permettra de ne pas laisser de cendres se déposer partout chez vous.

Allumez votre matière première et, une fois qu'une fumée suffisamment dense commence à se dégager, faites le tour de votre pièce en posant votre intention que la plante purifie l'espace dans lequel vous vous trouvez ainsi que tout ce qui s'y trouve. Pour vous aider, vous pouvez utiliser comme repère les quatre coins de votre pièce en vous y arrêtant quelques minutes.

Pour finaliser ce travail de purification, il est essentiel de bien aérer la pièce qui vient d'être traitée afin que la fumée emporte les énergies stagnantes et que l'air soit renouvelé. C'est une fois que la pièce a été aérée que des énergies vives peuvent se mettre en place.

Un petit conseil pour obtenir plus de fumée : déposez au fond de votre réceptacle un morceau de charbon que vous chauffez à blanc, puis déposez dessus votre herbe séchée (ou votre encens). L'herbe se consumera plus longtemps en dégageant de la fumée sans que vous soyez obligé de la rallumer sans cesse.

Enfin, dernière précision, il est essentiel de toujours sélectionner des produits 100 % naturels afin de ne pas polluer votre intérieur avec des parfums de synthèse ou des fumées toxiques.

Vous pouvez bien évidemment utiliser d'autres herbes que celles qui sont indiquées et même de la végétation séchée. Par exemple, si vous avez un jardin, n'hésitez pas à faire sécher ce qui y pousse pour le brûler, que ce soit de la lavande, de la sauge verte, du romarin, du genévrier, du cèdre… Si cela pousse dans votre jardin, c'est que votre maison et vous en avez besoin.

Si vous n'avez pas de jardin, vous pouvez bien sûr vous procurer des herbes séchées dans les magasins bio, herboristeries, pharmacies (parfois), comme le papier d'Arménie. En ce qui concerne les encens, je me sers de l'encens japonais et de l'encens ayurvédique car ils sont porteurs de la dimension spirituelle que je recherche tout en étant pratiques à utiliser. Vous les trouverez en magasin bio ou dans les boutiques spécialisées. Les encens d'église (pontifical, benjoin, oliban, myrrhe, etc.) sont extrêmement puissants mais nécessitent l'utilisation d'une pastille de charbon chauffée à blanc, afin que l'encens se consume et que les particules odorantes s'élèvent avec la fumée. En même temps, cela n'est pas réellement une contrainte si vous utilisez déjà un encensoir ou un pot en terre. Ce type d'encens se trouve également en bâtonnets mais plus difficilement.

En revanche, l'utilisation des encens commerciaux, produits avec des parfums de synthèse (voire avec des solvants et des insecticides) est à proscrire, même si leurs parfums semblent alléchants (orange cannelle, chocolat liégeois, brioche ou barbe à papa). Ils n'ont pas vocation à purifier votre intérieur, juste à le désodoriser, quand leur action n'est pas plus nocive…

❍ *S'appuyer sur les pierres*

Les pierres sont une source d'équilibre énergétique essentielle. Elles vont travailler en complémentarité avec les huiles essentielles et les encens, même si elles peuvent tout à fait être utilisées seules. Dans ma pratique, j'utilise les huiles et la fumigation en traitement d'attaque, la pierre va présenter un traitement de soutien, que je mets en œuvre dans un second temps, en cas de besoin.

Les pierres réunissent de nombreuses qualités : elles sont 100 % naturelles, leurs actions se développent en douceur tout au long de la journée sans qu'il y ait autre chose à faire, elles ne sont pas allergènes, elles se manipulent facilement, leurs ressources ne se tarissent pas si vous les entretenez régulièrement (contrairement aux huiles essentielles et à l'encens, qu'il faut racheter quand les réserves viennent à s'épuiser), et vous pouvez même les porter sur vous lorsqu'elles sont montées en bijoux (bracelet, collier, boucles d'oreilles) ou directement glissées dans votre poche, quand leur taille le permet.

Traiter votre habitation nécessitera tout simplement d'acheter la pierre idoine et de la placer successivement à chaque coin de votre pièce tout en posant votre intention. Une fois que la pierre aura suffisamment travaillé dans la pièce, vous la nettoyez puis la déplacez dans une autre pièce… Une fois les énergies remises en circulation, vous pourrez disposer votre pierre dans votre entrée et/ou dans votre pièce à vivre afin de continuer à profiter de son action bénéfique dans la durée. Une pierre est comme un compagnon de vie, une amie, qui va vous amener à réaliser votre meilleur potentiel. Vous pouvez lui demander de vous éclairer, de vous aider, de vous conseiller, de vous relier à ce qui est le plus bénéfique pour vous. Même après avoir réalisé sa mission de purification de votre logis, sa présence reste utile et fructueuse.

Focus

Comment nettoyer et recharger vos pierres?
Vous pouvez:
- *les mettre au soleil;*
- *les exposer à la lune;*
- *les passer sous l'eau*;*
- *les laisser tremper dans l'eau*;*
- *les plonger dans du gros sel*;*
- *les passer à la fumée d'un encens ou d'une plante à brûler;*
- *les mettre dans la terre.*

** L'eau et le sel doivent être jetés après ce nettoyage. Ils sont rendus impropres à la consommation du fait d'avoir absorbé les énergies non désirées dont les pierres s'étaient chargées.*

Le champ des possibles étant infini, vers quelle pierre se tourner? Voici une toute petite sélection, qui vous donnera peut-être l'envie d'explorer la richesse du monde minéral par vous-même:

• **L'améthyste** est la pierre de la transformation : elle va augmenter le taux vibratoire de tout ce qui l'entoure afin de transmuter les énergies denses. Puis la douceur qu'elle émet conduit à mettre en place un environnement apaisé et serein. En plus, elle présente l'avantage de ne pas avoir besoin d'être régulièrement nettoyée : elle se recharge à la lumière du soleil ou de la lune (ou en la posant sur une autre améthyste). Si vous l'utilisez pour purifier votre lieu de vie, une géode est alors plus adaptée car cette forme va augmenter sa vibration et son rayonnement. Elle sera ainsi en mesure d'équilibrer naturellement les énergies qui circulent dans votre lieu de vie et même de rééquilibrer vos objets, bijoux, etc., si vous les déposez à l'intérieur de la géode.

• Le **cristal de roche** est la pierre de la remise en circulation. Le cristal permet de lever les blocages, de relier le lieu à son essence, son ADN, et de le réaligner avec sa pureté intrinsèque. Un cristal d'une taille suffisante (d'une quinzaine de centimètres de hauteur) permet de ne pas laisser s'installer dans votre pièce des énergies denses qui l'alourdiraient. D'autre part, le cristal de roche renforce l'aura, ce qui permet de pérenniser le nettoyage : cette pierre rend la maison plus résistante et moins perméable aux pollutions extérieures.

• La **labradorite** est la pierre du nettoyage intérieur et extérieur : elle va agir comme une éponge qui absorbe les énergies indésirables puis elle les dissout, afin de vous en préserver. C'est la raison pour laquelle un nettoyage régulier est indispensable afin que cette pierre conserve ses propriétés régénératrices et protectrices.

• La **tourmaline noire** est une pierre de protection mais également de transmutation : elle rapporte les énergies négatives (y compris les énergies électromagnétiques dues aux appareils électriques) à la Terre mère. La Terre se charge alors de les dissoudre. Cette pierre permet un enracinement très puissant et, comme vous le savez, plus les racines sont puissantes et profondes, plus l'élévation est possible ! C'est la raison pour laquelle cette pierre est utilisée en méditation, en thérapie…

• L'**obsidienne noire** est la pierre de la dépollution. Comme l'améthyste, cette pierre ne nécessite aucun nettoyage car elle repousse toutes les énergies négatives. Cependant, ce bouclier d'une très grande puissance nécessite d'être utilisé avec précaution, notamment parce que l'obsidienne est fortement déconseillée pour les enfants. Cela rend cette pierre difficile à placer dans un foyer où se trouvent des petits (ou si vous accueillez régulièrement vos petits-enfants).

Voici un tour de table rapide de pierres régulièrement utilisées en nettoyage. Mais encore une fois, ces propositions ne sont ni exhaustives ni limitatives. Alors comment s'y retrouver ? Aussi étonnant que cela puisse paraître, pour déterminer la pierre qui convient à votre maison (et à vous), il n'y a rien à faire ! En effet, **c'est elle qui vous choisira** ! Donc, rien ne sert de partir bille en tête. Pour choisir une pierre, connectez-vous à ce que vous ressentez en sa présence. Si elle vous parle, si elle vous fait vibrer, si elle vous transporte, si elle vous emmène là où vous avez envie de vous trouver, alors c'est la bonne !

Focus

Pour compléter ce travail de libération des énergies stagnantes, n'oubliez pas de faire le ménage chez vous très régulièrement. Vous renouvelez ainsi l'énergie vitale de votre espace de vie. Si vous gardez ce bénéfice à l'esprit, cette « corvée » se transformera rapidement en un moment joyeux et qualitatif dans votre relation avec votre habitation.
Ce soin que vous lui apportez devra être complété par un grand ménage de printemps, qui permet la libération des énergies accumulées pendant le temps de l'hiver et de faire entrer la force créative que véhicule le printemps.

Valider que les énergies ont été évacuées

Selon le principe bien connu que la confiance n'exclut pas le contrôle, le travail de libération des énergies se termine par une vérification. La dernière étape consiste donc à valider que tout est en ordre dans la pièce que vous avez traitée, que la gêne que vous ressentiez ne se manifeste plus, que cela ne traverse plus votre esprit et même que vous éprouvez un bien-être et de la tranquillité lorsque vous vous y installez.

Il s'agit donc d'évaluer à nouveau comment vous vous sentez en vous posant des questions toutes simples sur vos ressentis.

À vous de jouer !

Voici une liste de ce que vous pouvez vérifier. Quand vous vous installez dans la pièce que vous avez nettoyée, vous sentez-vous :

– *dégagé ;*
– *tranquille ;*
– *soulagé ;*
– *libéré ;*
– *déchargé d'un poids ;*
– *léger ;*
– *détendu ;*
– *heureux ;*
– *joyeux ;*
– *content d'être là ;*
– *apaisé ;*
– *serein ;*
– *plein de gratitude ;*
– *enthousiaste ;*
– *en confiance ;*
– *prêt à croquer la vie à pleines dents ?*

Si vous arrivez à décrire votre ressenti par trois adjectifs positifs et que cet état émotionnel est pérenne, c'est-à-dire que vous le ressentez plusieurs jours d'affilée sans variation inexplicable, c'est que votre pièce est libérée et qu'elle a retrouvé sa vibration originelle. Sachez que vous pouvez même éprouver de l'euphorie, de la plénitude ou un grand plaisir à vous installer dans une pièce qui, auparavant, vous rebutait et vous inspirait dégoût et mal-être. Vous lui trouverez tout d'un coup les qualités de ses défauts. Par exemple, s'il s'agissait de la cave, que vous trouviez inhospitalière, glaçante, sombre et effrayante, il est tout à fait probable qu'après avoir libéré les énergies stagnantes vous la trouverez d'un calme reposant, agréablement fraîche, avec une odeur de sous-bois intéressante et mystérieusement accueillante.

Partage d'expérience

Un jeune couple s'est installé dans un appartement refait à neuf, au dernier étage d'un immeuble. Ils viennent d'avoir un bébé et se rendent compte au bout de quelques mois qu'ils n'arrivent pas installer leur bébé dans la chambre prévue à cet effet. Lorsqu'ils pénètrent dans cette chambre d'enfant, ils se sentent immédiatement angoissés et en danger, au point que la jeune femme ne fait plus que des allers-retours furtifs dans cette chambre et uniquement quand il fait jour. Après réflexion, la jeune femme réalise aussi qu'ils n'ont jamais bien dormi dans leur propre chambre depuis deux ans qu'ils sont installés dans cet appartement.

Un protocole de soins est mis en place en vue de traiter tout l'appartement. Il s'avère qu'après deux soins la jeune maman ne ressent plus d'appréhension à se rendre dans la chambre d'enfant, la mémoire qui stagnait dans cette pièce ayant été libérée. Pourtant, me dit-elle, son conjoint et elle continuent à mal dormir dans leur chambre et se sentent de plus en plus tendus, ce qui finit par se faire sentir dans leur relation, leurs rapports se détériorant. En concentrant le soin sur cette chambre d'adulte, nous découvrons que le malaise du couple est provoqué par un manteau de fourrure qui est stocké là, quelle que soit la saison. Or, ce manteau est chargé de l'énergie de la précédente propriétaire, qui le leur a offert et qui, depuis de longues années, se livre à une surconsommation médicamenteuse associée à une addiction à l'alcool, cela l'ayant brouillée avec sa famille et ses enfants. Une fois que ce vêtement est écarté, le couple retrouve ses esprits et son sommeil réparateur.

Lorsque le symptôme disparaît, vous savez qu'une saine fluidité est rétablie et vous pouvez ainsi passer à l'étape suivante! La nature n'aimant pas le vide, après avoir libéré les énergies qui stagnaient chez vous, il s'agit maintenant d'occuper le terrain de la manière la plus bénéfique possible pour vous, afin que vous puissiez vous laisser nourrir par votre lieu de vie et manifester votre meilleur potentiel.

3.

Mettez en place le meilleur et entretenez-le

« À cœur vaillant, rien d'impossible. »
Jacques Cœur

Installer des énergies bienfaisantes et enchanter le quotidien

Vous avez fait place nette ? Il ne vous reste plus qu'à installer des énergies bienfaisantes. Ainsi, les énergies trop denses ne pourront pas s'établir, la place étant déjà occupée par des énergies ressourçantes et stimulantes. Et ces énergies vivifiantes vous feront vous sentir léger, de bonne humeur, prêt à croquer la vie à pleines dents, les choses vous sembleront plus faciles, vos objectifs se réaliseront sans effort. Ces énergies vont vous nourrir, vous porter, vous donner envie de déployer vos ailes, de vous lancer, d'exprimer le meilleur de vous-même !

Installer des énergies bienfaisantes est beaucoup plus aisé qu'il n'y paraît et passe par des petites habitudes du quotidien, toutes simples à mettre en œuvre :

- **Aérez tous les jours chaque pièce**, au moins dix minutes le matin et dix minutes quand vous rentrez chez vous, puis juste avant de vous coucher. Cela permet de renouveler l'air que vous respirez et ainsi de nettoyer l'atmosphère des émanations toxiques dégagées par les produits ménagers, par les peintures des meubles ou des murs, sans oublier que cela vous défait des énergies que vous avez accumulées durant la journée. Pensez également à faire des courants d'air, afin de bien mettre en circulation et de vivifier le *chi* (l'énergie).
- **Faites entrer la lumière** et, si possible, les rayons du soleil, qui nettoient tout.
- **Utilisez des bougies** comme support de vos intentions. En allumant votre bougie, posez simplement votre intention : « J'allume cette bougie pour que cette lumière attire et installe des énergies bienfaisantes. » ; « J'allume cette bougie pour que cette soirée soit douce et sereine. » ; « J'allume cette bougie pour que cette lumière chasse toutes les énergies basses. »
- **Profitez de la musique**, de sa vibration, de son rythme pour installer l'énergie que vous souhaitez chez vous : si vous avez besoin de douceur, choisissez une musique calme et écoutez-la en

posant votre intention. Faites de même si vous avez besoin de gaieté, de peps, de ressourcement. Sélectionnez une musique qui vibre cette énergie, posez votre intention et écoutez-la, jusqu'à ce que vous soyez rassasié ou désaltéré !

• **Diffusez des huiles essentielles** qui vont activer la joie, la détente et la douceur de vivre, telles que bergamote, citron, mandarine, orange douce, petit grain bigarade, laurier, litsée…

• **Mettez en place des rituels** qui vous font du bien, des rendez-vous avec vous-même : exercices de respiration, de yoga, de qi gong, prendre un bain, danser, chanter tous les jours sur une chanson qui vous porte en allant au travail ou en en revenant, avant ou après votre dîner…

• **Veillez à une qualité d'être** en étant conscient des pensées que vous dégagez, des mots que vous employez (car, souvenez-vous, l'énergie va là où votre attention se concentre) : favorisez la communication non violente, les pensées positives, les gestes tendres, laissez aller les contrariétés et ressentiments de la journée, faites éventuellement un geste pour le signifier.

• **Réjouissez-vous, faites la fête, riez, souriez, dites merci…** Toutes ces énergies sont bienfaisantes et peuvent être utilisées sans modération tout au long de la journée, car toutes les occasions sont bonnes ! Exercez votre mental à voir le positif dans le moment présent : ici et maintenant, trouvez une raison de vous enthousiasmer, une personne à fêter, un rire à échanger, un sourire à donner, un merci à offrir. Renouvelez ces bonheurs, chaque jour et pour chaque événement qui se produit, pour chaque personne que vous rencontrez.

• **Connectez-vous quotidiennement à la gratitude.** En un mot, soyez reconnaissant de ce que vous avez réussi, de ce que vous avez accompli, de ce que vous avez reçu, de ce que vous avez compris ! Ce ressenti relie immédiatement à une énergie positive, constructive, qui vous encourage à vous appuyer sur vos réalisations et sur le chemin parcouru plutôt que de ressasser les embûches que vous avez rencontrées. Cette énergie est un moteur pour savourer ce qui est là, ici et maintenant et ouvre la porte à d'autres réalisations heureuses. Pour vous aider, trouvez avant de vous coucher cinq, dix ou quinze raisons de vous réjouir de la journée qui vient de s'écouler (tout dépend de votre gourmandise) et cinq, dix ou quinze raisons de vous sentir reconnaissant pour la journée à venir.

Voici déjà quelques leviers très puissants pour installer de belles énergies, et la liste ne demande qu'à être complétée !

À vous de jouer !

Mes propres astuces pour installer des énergies bienfaisantes chez moi :

•

•

•

•

•

Plus les énergies que vous installerez chez vous seront légères, joyeuses, fluides, en mouvement, plus le taux vibratoire de votre maison s'élèvera.

Augmenter le taux vibratoire de votre lieu de vie

Augmenter le taux vibratoire du lieu dans lequel vous habitez permet de démultiplier les bénéfices des énergies positives que vous installez, de les consolider et de les fortifier.

Vous établissez ainsi un climat propice à votre évolution personnelle et spirituelle, à votre épanouissement familial et à votre développement professionnel. En effet, augmenter le taux vibratoire des pièces dans lesquelles vous vivez permet de : renforcer son système immunitaire, accroître l'harmonie et se ressourcer, dissoudre les problèmes créés à des taux vibratoires plus bas, développer sa créativité, son inspiration, intensifier son intuition, son sixième sens, accentuer sa confiance en soi, atteindre un équilibre émotionnel propice à l'élévation spirituelle, attirer ce qui vibre sur la même fréquence.

Donc appuyez-vous sur tout ce qui va augmenter le taux vibratoire de votre maison. Là encore, tous les moyens sont bons, même ceux qui vous semblent simplistes ! En voici une petite liste que vous compléterez au gré de vos expériences :

- Diffuser des huiles essentielles spirituelles telles que benjoin, hélichryse, encens oliban, hysope.
- Profiter de l'améthyste, qui est la pierre de la transformation (cf. 2e chapitre, page 44).
- Ne pas hésiter à utiliser l'encens, la sauge ou l'armoise en fumigation avec l'intention d'augmenter le taux vibratoire.
- Faire chanter un bol tibétain ou placer à votre fenêtre des objets qui émettent un son qui vous est agréable : carillon à vent (carillon éolien), petites clochettes, gong. Cela va mettre en mouvement l'énergie et augmenter le niveau vibratoire.
- Libérer vos étagères, vos armoires, vos caves, vous allégez d'autant votre habitation : en vous débarrassant de vos vieux papiers, journaux, bibelots, vêtements mais également de tout ce que vous n'avez pas utilisé depuis deux ans et de tout ce qui ne vous remplit pas de joie.
- S'offrir régulièrement un bouquet de fleurs fraîches, cela augmente le taux vibratoire de la

pièce dans laquelle le bouquet est disposé. Attention, les fleurs séchées ont plutôt l'effet inverse !

• Accueillir des animaux de compagnie et se laisser ressourcer en vitalité, joie de vivre, douceur.

• Méditer, prier, contempler, se recueillir…

• Pardonner… : eh oui, pardonner, aussi étrange que cela puisse paraître, permet d'augmenter le taux vibratoire du lieu dans lequel vous habitez ! Il peut être utile de préciser que pardonner ne veut pas dire « on efface tout et on fait comme si de rien n'était ». Il s'agit plutôt de « part donnée », c'est-à-dire rendre sa part à chacune des personnes impliquées et donc accepter la sienne, et se réconcilier avec elles.

À vous de jouer !

Mes astuces pour augmenter le taux vibratoire de mon habitation :

•
•
•
•
•

∽ Partage d'expérience ∽

Un couple demande une intervention pour leur maison de ville. Ils souhaitent entreprendre des travaux pour agrandir cette maison qu'ils habitent avec leurs deux enfants mais voudraient s'assurer que ce projet est approprié. En effet, depuis qu'ils se sont installés six ans auparavant, ils ont accumulé les problèmes : Mme H. a eu un grave accident de voiture, ils ont été cambriolés, la voiture neuve de Mme H. a été volée, celle de son mari a été dégradée et rayée, des déchets sont régulièrement jetés dans leur jardin. Ils subissent des incivilités périodiques et ont l'impression tenace que tant de désagréments ne peuvent pas relever que d'un hasard malchanceux.

Après avoir établi le contact avec la maison, il apparaît que son taux vibratoire est très bas et attire comme un aimant des énergies basses, qui se concrétisent par toutes ces nuisances.

En poursuivant l'investigation, il s'avère que les anciens propriétaires ont vendu cette demeure en raison de leur séparation. La maison n'ayant pas été nettoyée de toutes les énergies de séparation, de violences verbales et de maltraitances psychologiques qui s'étaient accumulées, elle vibrait de ce lourd héritage et attirait les énergies correspondantes. Avec un tel diagnostic, il est donc nécessaire non seulement de nettoyer les énergies présentes mais aussi de renforcer le taux vibratoire de la maison pour qu'il remplisse sa mission de bouclier.

Une fois les énergies stagnantes remises en circulation, le nettoyage des lieux effectué et le taux vibratoire de la maison remonté, un climat plus constructif se met en place. Les incivilités et les nuisances cessent, les propriétaires décident finalement de réaliser les travaux. Leur volonté est d'achever le projet qu'ils avaient initié en achetant cette maison, même s'ils ne sont pas sûrs de la garder une fois que les enfants seront plus grands.

Une autre option qui s'offre à vous est d'éviter tout ce qui conduit à diminuer le taux vibratoire de votre habitation :

- les ondes électromagnétiques ;
- les comportements de dépendance : alcool, tabac, drogues… ;
- les souffrances subies ou les violences physiques, verbales, psychologiques… ;

- ressentir de la culpabilité, haine, ressentiment, peur, anxiété… ;
- se laisser polluer par les discours répétitifs et anxiogènes des médias ;
- se plaindre et entendre se plaindre.

Renforcer les « défenses naturelles » de votre habitation

La prévention est votre meilleure alliée pour renforcer les défenses naturelles de votre lieu de vie et entretenir les bonnes ondes que vous avez mises en place. En maintenant quotidiennement l'équilibre chez vous, les actions correctives à envisager seront moins fréquentes et vos interventions se montreront efficaces plus rapidement. Rassurez-vous, maintenir cet équilibre ne tient pas qu'à vous ! Acceptez de l'aide extérieure :

- Installez des jardinières à vos fenêtres et plantez-y des plantes réputées pour éloigner les indésirables telles que géranium, citronnelle, lavande, buis.
- Si vous avez la chance de posséder un jardin et que le climat vous le permet, n'hésitez pas à y planter des arbres et notamment un cèdre, un sureau, un tilleul, du genévrier…
- Installez dans votre entrée une pierre œil-de-tigre. C'est une « pierre miroir » : elle empêche les énergies indésirables de franchir le pas de votre porte. Comme un miroir réfléchissant, elle va

renvoyer ces énergies à leur émetteur. C'est la raison pour laquelle elle est la bienvenue dans votre entrée. C'est aussi une pierre qui permet de vous relier à vos ressources enfouies et qui va vous aider à vous libérer d'une mauvaise estime de soi et à atteindre vos buts.

- Utilisez les lampes en cristal de sel : ces lampes permettent de neutraliser la surcharge de nos maisons en pollution électromagnétique.
- N'hésitez pas à utiliser des épices et des herbes aromatiques pour embaumer votre cuisine et votre intérieur : cannelle, sarriette, origan, thym…
- Diffusez des huiles essentielles réputées renforcer le système immunitaire : arbre à thé, ravintsara, saro, etc.
- Peignez un mur d'une couleur vivifiante telle que rouge, orange, fuchsia, ce qui va renforcer la pièce sans que vous ayez besoin d'une intervention supplémentaire.

Comme toujours, ce qui est déterminant dans la prévention, c'est la régularité avec laquelle vous entretenez l'équilibre. C'est la raison pour laquelle le plus simple est le mieux tandis que le mieux est l'ennemi du bien : souvenez-vous qu'il faut tenir sur la durée ! Choisissez des choses faciles à mettre en œuvre, qui ne demandent pas tout un cérémonial, qui vous mettent en joie, qui vous apportent une satisfaction immédiate.

Focus

La thérapie par les couleurs, ou chromothérapie, s'appuie sur les couleurs pour induire un processus d'autoguérison. Chaque couleur émet une vibration spécifique, vibration qui influence tant nos cellules que notre lieu de vie. Ainsi, puisque notre organisme, stimulé par l'onde colorée, se met en mouvement pour s'unifier à la vibration curative de la couleur, rien n'empêche notre lieu de vie de le faire également. Voici quelques couleurs qui viendront agréablement colorer votre intérieur tout en renforçant vos défenses immunitaires :
Le rose fuchsia est recherché pour ses qualités régénérantes, curatives, rajeunissantes.
Le rouge sera retenu pour son action stimulante, tonifiante, fortifiante, dynamisante, revitalisante.
L'orange encouragera une action antidépressive, excitante, stimulante. C'est une couleur qui met en mouvement.
Le jaune est un stimulant digestif, il vient également travailler la clairvoyance et le niveau de conscience.

À vous de jouer !

Mes propres astuces pour augmenter le taux vibratoire de mon habitation :

-
-
-
-
-

Vous pouvez vous appuyer sur tous les outils que vous connaissez déjà, que vous appréciez, qui sont faciles d'utilisation pour vous. Quelles que soient les techniques que vous décidez d'utiliser, ce qui compte, c'est de veiller à ce qu'un triple objectif soit rempli :

1. installer des énergies bienfaisantes pour qu'il n'y ait pas de place pour ce qui est négatif ;
2. augmenter le taux vibratoire de votre lieu de vie ;
3. renforcer les défenses naturelles de votre habitation.

L'ordre que vous choisirez importe peu. Vous l'aurez compris, chacune de ces actions contribue à stabiliser les autres, à les entretenir et à démultiplier leurs bénéfices, car les vases sont communicants : vous venez d'installer un cercle vertueux, à vous d'en tirer parti pour surfer avec lui le plus loin possible !

Mettre à profit le cercle vertueux que vous avez installé

Félicitations ! Vous avez mis en place une relation « gagnant-gagnant » avec votre lieu de vie ! Bien vivre avec votre maison prend maintenant tout son sens. En installant un cercle vertueux d'énergies vivifiantes, vous bénéficiez de sa présence, son mouvement, son dynamisme, ce qui va déclencher chez vous des prises de conscience, des mises à niveau, des libérations, des progressions, une attitude positive, qui vont contribuer à son tour à stimuler, alimenter et vivifier ce cercle vertueux. Vous pourrez vous y désaltérer tout en l'alimentant comme un feu qu'on entretient pour s'y réchauffer, s'y nourrir, et aussi pour le partager le moment venu !

❍ *Parler régulièrement à votre maison*

Avez-vous remarqué que, quand nous sommes mal à l'aise avec une personne, nous nous mettons à parler avec beaucoup de volubilité de tout et de rien, en faisant pratiquement les questions et les réponses ? C'est ce que je vous propose de faire à cette étape, tant que nous ne sommes pas encore totalement à l'aise avec ce processus. Pour rompre la gêne que le silence peut occasionner, rien de tel que de se lancer en prenant soi-même la parole. Mais pour dire quoi ? C'est très simple ! Confiez à votre maison : vos émotions, vos ressentis, vos tristesses et vos joies, vos victoires et vos défaites, vos aspirations, vos blocages, vos déceptions, vos envies, vos attentes, vos désirs. Tout ce qui parle de vous !

Partagez avec votre maison ce qui est important pour vous, dites-lui vos rêves d'enfant, vos rêves d'adulte, ce que vous souhaitez attirer dans votre vie. Parler régulièrement à votre maison va vous conduire à clarifier ce qui est important pour vous dans chaque domaine de votre vie.

À vous de jouer !

L'inventaire de ce qui vous fait vibrer !

Commencez par déterminer un domaine de votre vie : voulez-vous réfléchir à votre sphère professionnelle, sphère amicale, familiale, spirituelle, personnelle ? Installez-vous confortablement, assis ou allongé, dans l'endroit que vous préférez dans votre habitation.

Inspirez trois fois profondément, lentement, en gonflant le ventre afin de bien débloquer le diaphragme. Sentez-le se déplacer vers le bas à l'inspiration et reprendre sa place à l'expiration. À l'inspiration, concentrez-vous sur le haut de votre tête et, à l'expiration, reportez votre attention sur la plante de vos pieds, afin d'installer le calme intérieur.

Une fois que le brouhaha intérieur est apaisé, imaginez ou visualisez une photo qui représente au mieux ce que vous voulez vraiment installer dans votre vie. En regardant cette photo, observez ce que vous ressentez et décrivez-le sans oublier aucun détail : « Je ressens du soulagement et du contentement… Je me sens fier aussi, joyeux, en vie, etc. »

Une fois que vous avez mis des mots sur tous ces ressentis, voyez la photo s'animer comme s'il s'agissait d'un film qui était en « arrêt sur image » et que vous avez relancé grâce à vos observations. Accueillez les nouvelles émotions qui se manifestent à J+1, J+2, J+3 et déplacez-vous dans le temps jusqu'à J+7 pour vérifier que c'est bien ce à quoi vous aspirez. Profitez de toutes les belles énergies que vous ressentez et recevez. Si des émotions dissonantes sont apparues, rectifiez ou précisez l'objectif que vous vous êtes fixé. Puis reprenez votre photo et faites une avance rapide pour arriver un mois après avoir installé ce que vous voulez dans votre vie.

Visualisez comme cela se passe, ce que vous ressentez, les énergies en présence.

Si cela vous convient, avancez de nouveau pour arriver un an après et observez encore une fois ce que vous ressentez, les énergies en présence, ce qui se passe dans le film de votre vie. Si cela vous remplit de joie et que les émotions que vous éprouvez correspondent à ce que vous avez envie de vivre et de partager, vous voilà avec un objectif clarifié, à partager avec votre lieu de vie.
Il ne vous reste plus qu'à procéder de la même manière avec les autres domaines de votre vie pour que votre inventaire soit complet!

En précisant ce qui vous fait envie, ce qui vous met en vie, ce n'est pas seulement à vous que vous donnez un message fort, c'est à l'univers tout entier. Car plus vos objectifs seront clairs et vous feront vibrer, plus vous les atteindrez facilement. Votre lieu de vie se fera un plaisir de vous aider et de relayer vos aspirations à l'univers. C'est même votre meilleur allié pour débloquer les situations qui vous semblent inacessibles ou pour installer des choses qui vous semblent inatteignables, car il fonctionnera tel un phare, toujours là pour donner la bonne direction, même si le temps n'est pas au beau fixe. Vous serez deux à vibrer le même message, vous aurez deux fois plus de facilités à l'attirer dans votre vie.

Ne vous inquiétez pas si, au début, vous avez l'impression d'un long monologue. Ce n'est pas parce que vous avez le sentiment d'être seul avec vous-même que cette étape est inutile. Bien au contraire, elle est indispensable pour que vous apprivoisiez le processus et que vous construisiez la confiance aussi bien en vous-même qu'avec vous-même : c'est vous qui doutez, pas votre maison ! Alors, laissez le temps au temps : plus vous lui parlerez régulièrement, plus la confiance se construira, plus vous réussirez à l'entendre quand elle vous parlera.

❍ *Écoutez votre maison*

Un lieu de vie est un puits de sagesse qui a de nombreux trésors à nous transmettre. Pourtant, rares sont les fois où nous sommes disposés à les recevoir, où nous nous posons pour les entendre, où nous acceptons de faire le vide pour écouter. Bien souvent, nous entrons dans les lieux en conquérants : sans égard, sans même saluer ni remercier de nous accueillir, considérant que nous sommes chez nous et que nous avons tous les droits. Bille en tête, nous suivons coûte que coûte nos idées bien arrêtées sur ce qui doit être fait. Vérifiez par vous-même : quand avez-vous dit « bonjour » et « merci » à votre maison pour la dernière fois ? Ou « à tout à l'heure », « je t'aime », « je suis heureux d'être là » ?

Cela vaut quand vous entrez pour la première fois dans les lieux en tant que propriétaire et que vous envisagez de faire des travaux, mais aussi plus généralement lorsque vous rentrez tous les jours chez vous. Il ne s'agit pas de culpabiliser, juste de prendre conscience, pour cheminer vers une relation avec votre maison plus enrichissante.

Partage d'expérience

La belle endormie, 1re partie

Une personne tombe amoureuse d'une maison avec un grand jardin au bord de la mer, qu'elle achète avant même d'avoir vendu l'appartement dans lequel elle habite. Cette personne est artiste et voit dans cette maison la réalisation de son rêve professionnel comme personnel : réunir au même endroit un lieu de vie suffisamment grand pour accueillir enfants et petits-enfants, un atelier spacieux qui lui permettra de travailler sur des œuvres plus ambitieuses et une salle qui aura vocation à abriter des stages et des activités culturelles. Ce projet d'envergure demande de mener de nombreux travaux de front : rénovation de la maison, installation d'un atelier et construction d'un bâtiment qui hébergera la salle de stage (totalement indépendante et construite dans le jardin). L'emménagement et les travaux commencent sur les chapeaux de roue, le jour de la vente. Pourtant la nouvelle propriétaire se sent rapidement oppressée, au point de ne plus réussir à respirer, et ce mal-être s'amplifie au fil des jours. Elle ne se sent bien que lorsqu'elle est à l'extérieur de la maison, dans le jardin ou sur la plage. Par ailleurs, elle continue à mener toutes ses activités de concert : stages qu'elle donne ou qu'elle reçoit, cours de peinture, activités diverses tout en suivant les travaux et en se sentant de plus en plus exténuée au point de faire des malaises. Au bout de plusieurs pertes de connaissance et des batteries d'examens qui n'indiquent rien d'anormal, elle réalise qu'elle sent de l'hostilité de la part de cette maison et qu'elle-même est en train de la prendre en grippe. Un protocole de soins est mis en place et la maison révèle qu'elle est hostile au projet de l'artiste. La maison explique que, pendant les trente dernières années, elle a mené une vie paisible, agréable et sécurisante avec sa propriétaire, une existence calme, sans surprise, presque en marge de la vie. Elle vit l'entrée dans les lieux de cette propriétaire enthousiaste comme une invasion. Elle se sent bafouée, maltraitée, violentée, dénaturée, meurtrie. Ce déferlement soudain d'ouvriers, de travaux, de chamboulements, de projets et les efforts d'adaptation qui lui sont demandés sont d'une violence extrême pour elle. La maison manifeste comme elle peut son désaccord et elle explique que le besoin d'être en mouvement, de respirer la vie à pleins poumons, de se disperser, n'est pas le sien. La propriétaire est stupéfaite par ces révélations qui font écho à sa vie d'avant. Il se trouve qu'elle était mariée pendant longtemps à une personne violente et maltraitante. Elle a mis beaucoup de temps à accepter l'idée de quitter son mari. Le processus de deuil et de reconstruction est loin d'être terminé. Mais elle veut tourner la page le plus vite possible. Elle réalise alors la violence avec laquelle elle se traite en s'imposant ce rythme effréné : de peur d'être dans l'inaction comme elle l'était dans sa vie d'avant, elle se disperse complètement au point d'être totalement coupée d'elle-même. Comme elle s'était coupée de son corps et asphyxiée dans cette relation toxique avec son mari, elle s'étouffe dans cette nouvelle maison en ne s'écoutant pas, en s'éparpillant plutôt que de se centrer... comme le lui souffle la maison !

Ainsi, à cette étape, je vous propose de changer votre manière de penser, de faire évoluer vos habitudes et de prévoir dans votre emploi du temps un moment de la journée pour écouter, pour découvrir les cadeaux qui vous attendent, pour vous enrichir car votre maison vous est tout acquise et veut toujours votre bien.

À vous de jouer !

Prenez un carnet et un stylo pour consigner ce qui viendra. Fermez les yeux. Inspirez trois fois profondément, lentement, en gonflant le ventre afin de bien débloquer le diaphragme. Sentez-le se déplacer vers le bas à l'inspiration et reprendre sa place à l'expiration. À l'inspiration, concentrez-vous sur le haut de votre tête et, à l'expiration, reportez votre attention sur la plante de vos pieds afin d'installer le calme intérieur. Quand l'agitation mentale a laissé la place au calme intérieur, saluez votre maison. Puis trouvez cinq raisons de la remercier et dites-le-lui dans votre for intérieur. Dites-lui que vous êtes désolé de ne pas être venu plus tôt l'écouter et demandez-lui quel est le cadeau qu'elle a pour vous aujourd'hui. Et laissez venir une image, une notion, une émotion, un symbole, une couleur, une idée, une inspiration, une révélation. Laissez vivre ce qui vient à l'intérieur de vous : laissez-le se déployer, s'affirmer, se préciser. Observez comment vous vous sentez avec ce qui vient de vous être révélé. Est-ce agréable ou désagréable ? Vous sentez-vous reconnaissant ? Quelle émotion émerge ? Comment vous sentez-vous quand vous éprouvez cela ? Remerciez la maison pour ce moment passé ensemble et pour le cadeau qu'elle vient de vous faire, puis ouvrez les yeux. Notez dans votre cahier la date, le cadeau qui vous a été fait, en donnant un maximum de détails et les émotions qui ont émergé. Puis posez tout cela et vaquez à vos occupations… jusqu'à votre prochaine rencontre !

❍ *Échanger avec votre maison*

Faisons le point : vous parlez à votre maison, vous l'écoutez et la confiance est là. Maintenant que la glace du silence est brisée, ce serait dommage de s'arrêter en si bon chemin ! Il est temps d'installer une vraie interaction, une dynamique, un dialogue, un réel échange… Parfois, cet échange ne vous mènera pas là où vous voudriez aller, vous entrerez en résistance et ferez la sourde oreille. Pourtant, c'est toujours vers le mieux que veut vous emmener l'âme de votre maison, c'est toujours pour révéler une version plus grande, plus libre, plus apaisée de vous. Alors faites confiance à la sagesse de votre demeure et à sa générosité : c'est vers la réconciliation qu'elle vous emmène, vers un amour inconditionnel.

Partage d'expérience

La belle endormie, 2e partie

La propriétaire, bien que prête à recevoir les enseignements de la maison, n'entend pas pour autant abandonner ses projets de travaux ni intégrer les demandes formulées par la maison. Elle considère qu'elle ne peut pas commencer à peindre tant que les travaux ne sont pas terminés ni son atelier installé. La situation est bloquée, chacune campe sur ses positions : d'un côté la maison hostile au projet, de l'autre la propriétaire qui considère que son projet, c'est la vie et qu'elle a trop souffert pour faire des concessions encore aujourd'hui. Pourtant les événements vont les obliger à faire un pas l'une vers l'autre : l'entrepreneur en charge des travaux décède. Devant ce drame, pas d'autre option que de reprendre le dialogue pour comprendre, pour s'entendre et pour enfin avancer ensemble. La maison explique qu'elle souhaite s'offrir pleinement à une propriétaire émancipée et libérée. Elle estime qu'il est contre-productif de se lancer à corps perdu dans les travaux alors que la propriétaire ne s'est pas reconstruite elle-même. Effectivement, cette dernière n'a pas encore engagé le travail de cicatrisation qui lui permettrait de fortifier les fondations de sa nouvelle vie.

La propriétaire explique alors que, ne sachant pas comment faire, elle s'est lancée la tête la première dans ces travaux. C'était sa manière de dire « je t'aime » à la maison et de célébrer la vie aussi bien que sa nouvelle vie. Elle suggère alors à la maison de l'aider à réaliser ce travail de pardon, car elle voit bien que son projet ne verra le jour que difficilement si elle n'engage pas cette démarche de réconciliation avec elle-même.
La maison demande alors à la propriétaire de se poser, de s'intérioriser afin de donner naissance à trois grandes toiles représentant sa vie. Ces toiles marqueront symboliquement la fin du cycle de maltraitance pour permettre à un autre cycle, plus heureux, de commencer. La maison propose également de reporter le projet de construction de la salle d'accueil et de se focaliser sur le réaménagement de la maison et de l'atelier.
En suivant les conseils de la maison et en réalisant ces toiles, l'artiste s'est enfin autorisée à se libérer, à réparer, à tirer un trait… La maison a accompagné cette artiste à aller plus loin dans ce qu'elle avait commencé : s'octroyer de la valeur et de la considération. Quand une porte se ferme, une autre s'ouvre…

Par cet échange avec votre habitation, vous vous engagez dans une relation gagnant-gagnant qui va vous enrichir et vous permettre d'aller bien au-delà de ce à quoi vous vous attendiez. Communiquer avec votre lieu de vie va alimenter votre cercle vertueux d'énergies bienfaitrices : en adoptant cette habitude, vous augmentez le taux vibratoire de votre habitation et installez des énergies saines, apaisantes, douces, ressourçantes, stimulantes, créatrices, pour le plus grand bonheur de tous. Vous n'avez plus qu'à savourer chaque rencontre comme une opportunité de grandir et de vous épanouir auprès d'une amie bienveillante qui prend soin de vous.

4.

Déployez vos ailes

« La joie est l'essence de la réussite. »
Deepak Chopra

Et maintenant, il n'y a plus qu'à savourer !

Voilà, vous y êtes, vous êtes en connexion avec votre maison qui va quotidiennement vous alimenter, vous ressourcer, vous informer, vous aider. Une fois que les énergies qui circulent chez vous sont savoureuses, que le cercle vertueux s'autoalimente et que vous vous régalez de cette relation gagnant-gagnant, **il n'y a plus rien à faire** ! N'est-ce pas fabuleux ? Il ne vous reste plus qu'à être, à **vous autoriser à être**, c'est-à-dire **à vibrer qui vous êtes de manière complète et vraie.** Être est l'action juste. C'est en acceptant d'incarner complètement votre vibration jour après jour, de manière régulière et calme, que le meilleur se concrétise et que vous allez déployer vos ailes. Ainsi, complet et aligné, vous créez une harmonie vibratoire. Cette complétude est à la fois de votre ressort, de votre responsabilité et ce vers quoi votre habitation souhaite vous amener. Osez être vous-même ! En étant vous-même, **en étant complet**, en vibrant votre essence, votre spécificité, votre lumière, c'est là, à cet endroit, que vous créez votre réalité car vous êtes aligné. Plus rien ne fait obstacle au flux de l'énergie créatrice. Alors abandonnez-vous à cette vibration, laissez-la vous submerger, vous rassasier, autorisez-la à transparaître pour la partager, contemplez-la, honorez-la, c'est votre meilleure carte pour que ce que vous souhaitez se manifeste.

Partage d'expérience

Mme A. s'installe dans un appartement avec ses deux enfants adolescents. Cet appartement est situé au premier étage d'un immeuble correctement entretenu. Pourtant, tous les deux ans environ, Mme A. subit des inondations chez elle, dues à de graves dégâts des eaux. Elle souhaite déménager le plus rapidement possible mais tous ses projets tombent à l'eau !
Lorsque le protocole de soins est mis en place, l'appartement exprime son soulagement : il essayait depuis longtemps d'indiquer à son hôte qu'elle aussi fuyait un domaine de sa vie, un domaine pourtant essentiel, celui de sa vie de femme. En effet, après sa séparation, elle s'était énormément investie dans sa vie professionnelle, dans sa vie familiale et amicale, devenant une professionnelle et une maman accomplie, une amie appréciée. Mais tant qu'elle laissait sa vie de femme en jachère, elle ne vibrait pas qui elle est de manière complète. L'âme de l'appartement cherchait à tout prix à lui faire prendre conscience

qu'une part d'elle-même partirait à vau-l'eau si elle continuait à se laisser inonder par des croyances limitantes au sujet des hommes. Symboliquement, l'appartement lui facilitait même la tâche : Mme A. était invitée à laisser l'eau (qui nettoie et fertilise) emporter ses certitudes. Libérée de ses poids, elle a pu réinvestir ce domaine et incarner une version d'elle-même encore plus accomplie.

Vous serez soulagé d'apprendre qu'être vous-même ne demande aucun effort. Observez la nature : est-il difficile pour une vache de brouter ? Non. Est-il difficile pour une rose de pousser ? Non ! Incarner complètement qui vous êtes est ce qui est le plus naturel et le plus aisé. Si la voie que vous suivez est semée d'embûches, si vous voyez que les difficultés s'accumulent, que la vie vous met des bâtons dans les roues, que le chemin que vous empruntez est anxiogène et ne vous remplit pas de joie, c'est que vous ne vibrez pas votre vibration, vous ne jouez pas votre partition. Certes, vous en jouez une autre et c'est déjà appréciable car vous faites sûrement du mieux que vous pouvez… Néanmoins, vous le faites avec moins d'aisance, de fluidité, de plaisir, de virtuosité, parce que ce n'est tout simplement pas votre partition que vous interprétez !

Partage d'expérience

Mme R., achète un appartement avec son compagnon. Ils sont parents d'un petit de deux ans et Mme R. est enceinte de quatre mois. Le jour de leur emménagement, les ennuis commencent :

la porte du voisin de palier est sérieusement endommagée lors du transport d'un meuble et un dégât des eaux est provoqué chez les voisins du dessous, les joints de la nouvelle salle de bains ayant été mal posés. Depuis ce jour-là, les ennuis ne se sont jamais arrêtés et, durant les quatre années qui suivent, le couple doit changer trois fois le ballon d'eau chaude qui, mystérieusement, rend l'âme sans crier gare. Lorsque les soins commencent, l'appartement explique qu'il ne peut pas apporter à cette famille ce qu'elle recherche et que le choix de cet appartement est une erreur de casting.

Mme R. reconnaît que cet appartement n'est pas le choix du cœur. C'est au contraire la raison qui l'a conduite à le retenir, sans que son conjoint soit d'ailleurs convaincu par cette décision. Elle prend conscience que, depuis qu'elle est maman, le poids des responsabilités a fait émerger un fonctionnement qui ne la satisfait pas du tout : lorsqu'elle prend des décisions, elle survalorise la raison au détriment du cœur ou de l'intuition, au point d'en arriver à ne plus se faire plaisir ni à s'amuser dans la vie. D'autant plus que, face à toutes ces difficultés domestiques qui la détournent de la sève de la vie, Mme R. a l'impression de se diriger inexorablement vers une petite mort, celle de son couple.

L'appartement, de son côté, essaie de lui montrer que, à chaque fois qu'elle choisit la voie de la raison plutôt que la voie du cœur, elle « rend l'âme » comme les chauffe-eau ; la flamme s'éteint petit à petit. Pourtant, c'est bien sur la voie de la complétude que l'appartement veut l'amener en lui apprenant à jouer d'un instrument jusqu'à maintenant délaissé : utiliser son intuition et donc son corps pour rétablir un équilibre corps-cœur-esprit.

Forte de cette lecture, elle s'engage à remettre le choix du cœur sur le devant de la scène, pour réorienter son quotidien et y insuffler plus de légèreté, de spontanéité, de plaisirs et de magie. Grâce à cela, elle s'est reconnectée à une manière plus hédoniste et savoureuse d'envisager son couple et son quotidien... Ce qui conduit ce couple à décider de déménager dans un lieu qui leur correspond, en se donnant six mois pour trouver ce nouveau cocon. Qu'il est raisonnable d'enchanter sa vie !

Comme être soi, au complet, ne nécessite aucun effort, devinez comment et quand vous vibrez le mieux votre essence sans même le savoir? Aussi étrange que cela puisse paraître, c'est en vous amusant, en vous détendant, en étant dans la joie, que vous rayonnez le mieux qui vous êtes vraiment.

S'amuser, se détendre, vibrer

Avez-vous remarqué que lorsque vous vous amusez ou vous détendez, vous n'êtes pas dans l'énergie du « faire » mais celui d'« être » : « être humain », « être incarné », « vibrer ». C'est exactement à cette qualité-là que votre habitation souhaite vous amener. Nous pensons souvent que c'est en nous démenant que nous allons concrétiser ce que nous souhaitons dans notre vie. Bien sûr, réaliser les actions qui s'imposent est nécessaire mais cela ne suffit pas. Contrairement à ce qu'il est communément accepté, être au repos dans la contemplation et s'amuser n'est ni de la fainéantise ni du temps perdu. Cela fait partie de notre responsabilité d'être humain. Deepak Chopra explique comment se détendre, s'amuser et célébrer ont pour vocation de nous ouvrir à la conscience pure. Cela nous permet inconsciemment de cultiver et de faire émerger l'inspiration, la créativité. Lorsque nous nous amusons, nous sommes dans l'« ici et maintenant ». Nous lâchons alors toute prise, tout ego, nous abandonnons le « il faut, je dois » et nous autorisons l'esprit créatif, notre sagesse intérieure, à émerger et à s'engager vers notre conscience. Voyez à quel point vous vous rendez service lorsque vous vous autorisez de tels moments de relâchement !

À vous de jouer !

Faites la liste des sept dernières fois où vous vous êtes amusé. Précisez avec qui et où :

1.
2.
3.
4.
5.
6.
7.

Comment vous sentez-vous quand vous repensez à ces moments ?

Analysez les ingrédients qui étaient présents et notez-les :

–
–
–
–
–
–
–

Au regard de ces expériences, comment pouvez-vous distiller ces ingrédients tous les jours de votre vie ?

En résumé, c'est en acceptant de réinsuffler dans nos vies la joie de l'enfance que nous déployons nos ailes. Nous sommes alors comme des enfants, complètement absorbés par l'instant présent : nous laissons aller toutes nos contrariétés qui bloquent la vibration de qui nous sommes réellement. Nous ouvrons notre esprit et notre cœur à l'épanouissement de notre esprit créatif, celui qui concrétise et grâce à lui, à l'essence de la conscience pure. En accédant à nos idées les plus pertinentes, les meilleures, c'est l'humanité entière que nous enrichissons, parce que nous engageons un mouvement qui encourage toutes les personnes qui nous sont reliées à faire de même.

Quand nous dansons la vie comme le font les enfants et que nous nous engageons dans des activités qui nous font plaisir, nous permettons à notre meilleur potentiel de se manifester car nous ne sommes ni dans le contrôle ni dans la peur. Nos inspirations les plus brillantes et nos meilleures idées viennent quand nous sommes détendus : nous sommes complètement ouverts, nos esprits sont libres d'errer et d'explorer, toutes sortes de connexions, de miracles sont alors possibles.

Le monde est là, les bras grands ouverts, pour que vous en tiriez de la joie, alors profitez-en, saupoudrez cette énergie dans tous les domaines de votre vie, en commençant par chez vous !

À vous de jouer !

Faites la liste des sept dernières fois où vous vous êtes senti détendu. Précisez avec qui et où :

1.
2.
3.
4.
5.
6.
7.

Comment vous sentez-vous quand vous repensez à ces moments ?

Analysez les ingrédients qui étaient présents et notez-les :

–
–
–
–
–
–
–

Au regard de ces expériences, comment pouvez-vous distiller ces ingrédients tous les jours de votre vie ?

Réenchanter sa vie

En distillant de la joie et de la détente dans votre quotidien, vous allez réenchanter votre vie. Et quand vous y aurez goûté, vous ne pourrez plus vous arrêter : développer votre capacité d'enchantement, c'est accéder à un émerveillement stimulant, à une plénitude réjouissante. Vous voulez commencer dès maintenant ? Eh bien, installez-vous confortablement chez vous et observez ce qui est, tout simplement. Vous verrez à quel point la liste des raisons de vous réjouir est interminable.

❍ *Vibrer la gratitude*

Bruce Lipton, dans son ouvrage *Biologie des croyances*[7], a établi que notre état d'esprit, nos émotions influençaient nos cellules. Ainsi, le simple fait de prendre conscience de tout ce que la vie nous a déjà apporté, d'être reconnaissant en conscience et de dire merci, modifie la qualité de notre vibration. En augmentant notre vibration, nous en bénéficions ainsi que tout notre entourage. La gratitude est le tremplin pour accéder à la joie de vivre et la joie, le tremplin de la réussite, alors ne gâchez aucune occasion de fêter et de ressentir de la reconnaissance pour tout ce qui vous entoure : la vie, votre corps, votre habitation, les personnes que vous aimez, les animaux, la Terre qui vous nourrit…

Puis restez focalisé sur votre vibration, qui doit rayonner dans tous les domaines de votre vie : comme le dit René Char, « Ne laissez pas l'essentiel être menacé par l'insignifiant ». Dès que vous vous sentez ballotté, mal à l'aise, gêné, retournez dans votre for intérieur et demandez à votre maison de vous ancrer. Quand un domaine de votre vie reste dans l'ombre, vous pouvez être sûr que l'âme de votre habitation vous demandera un jour ou l'autre

À vous de jouer !

Installez-vous confortablement à l'endroit que vous affectionnez particulièrement chez vous. Inspirez trois fois profondément, lentement, en gonflant le ventre afin de débloquer le diaphragme et faire circuler l'énergie. À l'inspiration, concentrez-vous sur le haut de votre tête et, à l'expiration, reportez votre attention sur la plante de vos pieds, afin d'installer le calme intérieur.
Savourez ce souffle qui vous parcourt de la tête aux pieds. Remerciez de pouvoir réaliser ce voyage intérieur.
Prenez contact avec tous les organes traversés par ce souffle. Remerciez-les de se conformer à cette mécanique si bien huilée.
Appréciez la régularité avec laquelle ce souffle vous visite quelles que soient les circonstances. Remerciez-le de cette persévérance de tous les instants.
Goûtez la fidélité inconditionnelle avec laquelle il vous accompagne depuis votre première inspiration, au moment de votre naissance. Remerciez-le pour ce dévouement.
Et maintenant continuez à lister tout ce que vous pouvez célébrer et remercier dans tous les domaines de votre vie :
– santé ;
– famille ;
– relations ;
– travail ;
– loisirs ;
– vie spirituelle ;
– style de vie ;
– vous.
Cet exercice est à renouveler sans modération. C'est votre capacité d'enchantement que vous musclez ici. Lorsque vous le faites chez vous, il contribue à augmenter votre taux vibratoire et celui de la pièce dans laquelle vous vous trouvez.

d'éclairer cet espace pour que vous expérimentiez une version de vous plus accomplie. L'âme de votre maison attend que votre vibration soit celle de la plénitude, alors autant être dans l'action plutôt que dans la réaction et commencer dès à présent à laisser filtrer un peu de lumière dans les zones d'ombre, puis un peu plus, de plus en plus, jusqu'à ce que tout ce domaine soit illuminé et que vous ayez établi une harmonie vibratoire.

Maintenant que vous vibrez la joie et la vie, partagez ! Faites profiter votre entourage de cette qualité de vibration que vous incarnez et de la sérénité qui emplit votre maison : savourez entre amis, en famille, en couple, pour vous…

❍ *Plébisciter le calme intérieur*

Marquer des temps de pause pour vous recentrer, vous poser, vous ressourcer est d'autant plus important que notre société nous maintient dans une agitation contre-productive qui nous prive de manière chronique de stabilité émotionnelle et de sommeil. Pourtant, c'est en se reposant que vous aurez accès à un sentiment de plénitude nourrissant et que vous vous autoriserez à vous laisser toucher par la grâce que représente la plénitude.

Vous aurez toujours le choix : construire votre maison sur du sable ou la construire sur du roc ? Choisissez-vous de corréler votre bien-être intérieur à des choses passagères, à des événements extérieurs que l'on subit souvent ou choisissez-vous de construire une maison sur le roc en vous appuyant sur quelque chose de plus stable, de plus constant, de plus inaltérable ? Ce choix ne dépend que de vous : lorsque vous prenez le parti de la construire sur le roc, vous capitalisez ; lorsque vous choisissez de la construire sur le sable, vous prêtez le flanc aux montagnes russes émotionnelles. Alors musclez votre for intérieur, comme cela est expliqué dans le premier chapitre, vous avez tout à gagner à rejoindre le plus régulièrement possible cet espace personnel de ressourcement.

J'aime beaucoup cette citation de Lama Yeshe : « Quand votre esprit est étroit, les petites choses vous agitent facilement. Faites de votre esprit un océan, rien ne l'agitera plus. »

Plébisciter le calme intérieur, c'est faire de votre espace intérieur un océan.

Cette notion de calme intérieur que l'on retrouve dans de nombreuses pratiques n'est pas une fantaisie, c'est un outil d'équilibre cérébral et émotionnel qui vous permet de déployer vos ressources, d'atteindre plus facilement vos objectifs, d'être plus performant. Plus vous serez à même de rester connecté à ce calme intérieur, plus vous serez efficace dans vos interactions et pourrez réaliser ce qui vous tient à cœur. Vous rendez également service à l'humanité entière en choisissant d'incarner et de vibrer l'apaisement : se connecter au calme intérieur silencieux, c'est s'engager dans une voie plus vaste qui recharge et revitalise, celle de la fraternité.

À vous de jouer !

Faites la liste des sept dernières fois où vous avez expérimenté le calme intérieur :

1.
2.
3.
4.
5.
6.
7.

Observez à quand remontent vos ressentis : aujourd'hui, hier, le week-end dernier, la semaine d'avant, il y a un mois, encore avant ? De quoi avez-vous besoin pour expérimenter cette sensation tous les jours ?

–
–
–
–
–

❍ *Cultiver la régularité*

C'est en forgeant qu'on devient forgeron… Même si la régularité ne vous semble ni sexy ni rock'n'roll, c'est pourtant elle qui va déterminer si vous faites un saut de puce ou un pas de géant. Est-ce qu'un oiseau peut voler d'un seul battement d'ailes ? Non, il doit les activer de manière régulière, dynamique et synchronisée, pour s'élever. C'est la même chose pour nous, êtres humains. Pour déployer nos ailes, c'est la constance qui est payante. Cette constance va vous apporter agilité, aisance, satisfaction. Cette assiduité va vous conduire naturellement à élargir votre conscience, votre calme mental et va stimuler votre intériorité. Elle va rendre vos échanges avec votre lieu de vie, faciles et consistants : c'est un levier très efficace pour établir une communication fluide et ressourçante et pour enchanter votre vie.

Cette assiduité amène également de la cohérence : à chaque fois que vous vous connectez à votre espace intérieur ou à votre maison, vous augmentez votre taux vibratoire et vous expansez. Ce signal d'expansion est perçu par l'Univers comme quelque chose que vous avez choisi, que vous souhaitez. Vous exprimez ainsi une commande claire à l'Univers. Son GPS peut ainsi s'activer et répondre à votre engagement d'autant plus aisément !

Pour finir, je voudrais vous proposer un dernier exercice dont vous avez l'habitude maintenant, vous l'avez réalisé tout au long de ce chapitre.

À vous de jouer !

Faites la liste des sept dernières fois où vous vous êtes senti complètement vous-même, ni dans un rôle, ni dans l'effort, ni dans la séduction. Précisez avec qui et où :

1.
2.
3.
4.
5.
6.
7.

Comment vous sentez-vous quand vous repensez à ces moments ?

Analysez de quoi vous avez besoin et notez-les :

–
–
–
–
–
–

Qu'est-ce que ces réflexions vous révèlent ? Comment pouvez-vous faire pour expérimenter cette complétude tous les jours, car souvenez-vous de cette parole de Carl G. Jung : « Il ne s'agit pas d'atteindre la perfection mais la totalité. » ?

Conclusion

« N'aie pas peur
et que les miracles illuminent ton monde. »
Marianne Williamson

La raison de cet ouvrage est de partager. Partager la joie que j'expérimente tous les jours et partager ces cadeaux inestimables que la vie met sur mon chemin : ces trésors de sagesse que les maisons portent patiemment, en attendant que nous soyons prêts à les recevoir. J'espère qu'au-delà des imperfections de cet ouvrage, de ses omissions, de ses limites, vous en aurez goûté et la joie et les trésors. Je vous passe le flambeau, à votre tour de connaître cet émerveillement de ce qui est là, juste à côté de vous, cet infini réservoir d'amour que l'âme de votre maison tient à votre disposition.

Si cet ouvrage permet d'éveiller votre curiosité ou de mettre en lumière les blocages qui vous empêchent de percevoir ce qui est disponible pour vous, à portée de main, à portée de vous, le miracle se sera produit.

Maintenant que je vous ai confié un chemin, vous savez que ces trésors sont à votre disposition. Si cet ouvrage vous a donné envie d'expérimenter à votre tour cette relation de magnifique proximité avec votre habitation, cela veut dire que le cercle vertueux est en place, prêt à activer l'immense réservoir d'enseignements, de bienveillance, de douceur, d'humour, que recèle l'âme de votre maison.

Alors, cher lecteur, je vous remercie infiniment, car votre écoute, votre patience, vos prises de conscience et vos « en vies » activent, mettent en route et dynamisent ce cercle vertueux.

Merci et surtout plongez! Connectez-vous pour déployer vos ailes et vous émerveiller!

Pour se quitter le cœur grand ouvert, voici un dernier petit accompagnement, pour la route:

À vous de jouer!

Faites la liste des sept dernières fois où vous avez ressenti de l'émerveillement. Précisez avec qui et où :

1.
2.
3.
4.
5.
6.
7.

Comment vous sentez-vous quand vous repensez à ces moments? Quelles sont les émotions qui émergent?

Analysez les ingrédients qui étaient présents et notez-les:

–
–
–

Qu'est-ce que ces réflexions vous révèlent et vous encouragent à faire?

Notes

1. Cette expérience est proposée par Masaru Emoto dans son ouvrage *Regarde en toi : l'eau miroir de l'âme*, Guy Trédaniel éditeur, Paris, 2007.

2. Tous les retours d'expérience partagés dans cet ouvrage sont authentiques. Les prénoms ont été modifiés pour respecter la confidentialité de chacun.

3. Françoise Dorn, *Baraka : conte pour créer sa chance*, First, Paris, 2015.

4. Hummer RA, Ellison CG, *et al.*, « Religious involvement and adult mortality in the United States: review and perspective », *South Med J.* 2004;97(12):1223-30.

Hummer RA, Rogers RG, *et al.*, « Religious involvement and U.S. adult mortality », *Demography*, 1999 May;36(2):273-85.

5. À ce sujet, je vous recommande vivement la lecture de l'ouvrage de Maria-Elisa Hurtado-Graciet, *Ho'oponopono*, collection Maxi-Pratiques n° 80, Jouvence, nouvelle édition 2015.

6. www.geobiolys.com

7. Bruce Lipton, *Biologie des croyances*, Ariane éditions, Montréal, 2006.

Bibliographie

« L'univers est un immense livre. »
Mohyiddîn Ibn Arabî

Lydia BOSSON, *L'Aromathérapie énergétique*, Amyris, Ixelles, 2006.

Joël RUIZ, Christophe DREZET, *La Passion des huiles essentielles et des eaux florales*, Aromarêve, Verrières-en-Forez, 2012.

Lise BOURBEAU, *Les 5 blessures qui empêchent d'être soi-même*, Pocket, Paris, 2013.

Gregg BRADEN, *La Divine Matrice*, Ariane éditions, Montréal, 2007.

Debbie FORD, *La Part d'ombre du chercheur de lumière*, J'ai Lu, Paris, 2010.

René DE LASSUS *L'Analyse transactionnelle*, Marabout, Paris, 2013.

Thomas D'ASEMBOURG, *Cessez d'être gentil, soyez vrai,* Éditions de l'Homme, Montréal, 2014.

Malcolm GLADWELL, *La Force de l'intuition*, Robert Laffont, Paris, 2006.

Marie Lise LABONTÉ, *Les Familles d'âmes*, J'ai Lu, Paris, 2013.

Neale Donald WALSCH, *Conversation avec Dieu*, J'ai Lu, Paris, 2003.

Maria-Elisa Hurtado-Graciet, Luc Bodin, *Ho'oponopono*, collection Maxi-Pratiques n° 80, Jouvence, Saint-Julien-en-Genevois, nouvelle édition 2015.

Louise Gervais, *L'Énergie et la Sagesse du monde*, First, Paris, 2014.

Élisabeth Couzon, *De l'amour de soi à l'amour des autres*, First, Paris, 2015.

Élisabeth Couzon, *La Méditation de pleine conscience pas à pas*, ESF éditeur, Issy-les-Moulineaux, 2013.

Élisabeth Couzon, Françoise Dorn, *La Magie des émotions : cultiver son intelligence émotionnelle*, ESF éditeur, Issy-les-Moulineaux, 2012.

Françoise Dorn, *Graines de bonheur*, First, Paris, 2014.

Daniel Meurois, *Les Maladies karmiques*, Éditions le Passe-Monde, Lac-Beauport, 2010.

Patrick Drouot, *Le Pouvoir secret des cristaux*, Presses du Châtelet, Paris, 2012.

Eileen Caddy, *La Petite Voix : méditations quotidiennes*, Le Souffle d'Or, Gap, 2006.

François Vigouroux, *L'Âme des maisons*, Fayard, Paris, 2011.

Marie Kondo, *La Magie du rangement*, First, Paris, 2015.

Remerciements

> *« La gratitude est ma prière. »*
> **Deepak Chopra**

Je remercie le cœur grand ouvert toutes les maisons, appartements, bureaux qui ont accepté de se laisser approcher, de s'exprimer, de se confier, de se dévoiler, de discuter, de négocier, de m'orienter, de me former, de m'encourager : merci pour ces échanges si constructifs. Je me sens honorée de votre collaboration qui m'a incitée à déployer mes ailes.

Je suis profondément reconnaissante à tous les propriétaires qui ont bien voulu se faire confiance et me faire confiance au-delà des difficultés, des doutes et de l'extravagance des situations qu'ils traversaient. Malgré tout, ils ont osé partager leurs attentes, leurs préoccupations, leurs blessures et, ce faisant, ils m'ont invitée à aller plus loin avec humilité. Merci infiniment du cadeau de votre confiance.

Merci ma lumineuse et brillante Charlène Guinoiseau-Ferré d'avoir insisté à intervalles réguliers… Sans ta persévérance radieuse et ta patience bienveillante, rien de cela n'aurait vu le jour !

Je suis pleine de gratitude pour Élisabeth Couzon et Françoise Dorn : merci de votre accompagnement nourrissant, fidèle et confiant depuis de si nombreuses années ! Vous m'avez ouvert la porte de la gourmandise et de la complétude, quel enseignement merveilleux, quelle jubilation !

Toutes les personnes qui ont été miraculeusement mises sur ma route pour me faire grandir et m'indiquer le chemin avec constance et, parfois, beaucoup d'abnégation : merci à ma famille, ma famille élargie et bien sûr, à mon mari et à mes filles chéries.

Toutes les personnes qui m'ont aidée dans ce long processus de l'écriture et plus particulièrement celles qui m'ont donné envie de finir : Anne Rodéno, Sonia Renault, Évelyne Heizmann, Virginie Hamelin, Claude Ragonneau, Élisabeth Peralta, Robert Tallard, Louise Gervais, Laurent Villena, Mo, Vincent Delmas… Merci de votre accueil, de votre enthousiasme et de vos soutiens.

Et je remercie Lucie et Grégoire Leray ainsi que la maison de la forêt, grâce à qui tout a commencé : sans vous, jamais je ne serais allée explorer par là-bas ! Merci d'avoir entrevu ce que je ne soupçonnais même pas !

Achevé d'imprimer en février 2016

Imprimé en Espagne

Dépôt légal : Février 2016